BEI GRIN MACHT SICH ....
WISSEN BEZAHLT

- Wir veröffentlichen Ihre Hausarbeit, Bachelor- und Masterarbeit

- Ihr eigenes eBook und Buch - weltweit in allen wichtigen Shops

- Verdienen Sie an jedem Verkauf

Jetzt bei www.GRIN.com hochladen und kostenlos publizieren

Bibliografische Information der Deutschen Nationalbibliothek:

Die Deutsche Bibliothek verzeichnet diese Publikation in der Deutschen National-bibliografie; detaillierte bibliografische Daten sind im Internet über http://dnb.d-nb.de/ abrufbar.

Dieses Werk sowie alle darin enthaltenen einzelnen Beiträge und Abbildungen sind urheberrechtlich geschützt. Jede Verwertung, die nicht ausdrücklich vom Urheberrechtsschutz zugelassen ist, bedarf der vorherigen Zustimmung des Verla-ges. Das gilt insbesondere für Vervielfältigungen, Bearbeitungen, Übersetzungen, Mikroverfilmungen, Auswertungen durch Datenbanken und für die Einspeicherung und Verarbeitung in elektronische Systeme. Alle Rechte, auch die des auszugsweisen Nachdrucks, der fotomechanischen Wiedergabe (einschließlich Mikrokopie) sowie der Auswertung durch Datenbanken oder ähnliche Einrichtungen, vorbehalten.

Impressum:

Copyright © 2012 GRIN Verlag, Open Publishing GmbH
Druck und Bindung: Books on Demand GmbH, Norderstedt Germany
ISBN: 978-3-668-12357-1

Dieses Buch bei GRIN:

http://www.grin.com/de/e-book/266555/eine-oekonomische-analyse-einer-univer-saldienstverpflichtung-des-breitbandsektors

Timo Vogler

Eine ökonomische Analyse einer Universaldienstverpflichtung des Breitbandsektors

GRIN Verlag

GRIN - Your knowledge has value

Der GRIN Verlag publiziert seit 1998 wissenschaftliche Arbeiten von Studenten, Hochschullehrern und anderen Akademikern als eBook und gedrucktes Buch. Die Verlagswebsite www.grin.com ist die ideale Plattform zur Veröffentlichung von Hausarbeiten, Abschlussarbeiten, wissenschaftlichen Aufsätzen, Dissertationen und Fachbüchern.

Besuchen Sie uns im Internet:

http://www.grin.com/

http://www.facebook.com/grincom

http://www.twitter.com/grin_com

HELMUT-SCHMIDT-UNIVERSITÄT,
UNIVERSITÄT DER BUNDESWEHR, HAMBURG
Fakultät für Wirtschafts- und Sozialwissenschaften

Masterarbeit

Eine ökonomische Analyse einer Universaldienstverpflichtung des Breitbandsektors

Verfasser:

Name: Timo Vogler

Studentenjahrgang: 2008
Trimester: 12

Abgabe am: 14.07.2012

Inhalt

Abkürzungsverzeichnis

ARPU	Average Revenue per User sind die durchschnittlichen Einnahmen, die ein Anbieter pro Nutzer und Monat erwirtschaften kann
BMWi	Bundesministerium für Wirtschaft und Technologie der Bundesrepublik Deutschland
BRD	Bundesrepublik Deutschland
BSI	Bundesamt für Sicherheit in der Informationstechnik
BIP	Bruttoinlandsprodukt
CAPEX	Capital Expenditures sind die Investitionskosten für ein Investitionsobjekt
DOCSIS	Data Over Cable Service Interface Specification ist der Protokollstandard für die Datenübertragung im Breitbandkabelnetz
FTTx	Fiber to the x, wobei x den Endpunkt aus Sicht das Netzes hin zum Teilnehmer darstellt
GG	Grundgesetz
Hvt	Hauptverteiler ist die Schnittstelle zwischen dem Zugangs- und Konzentrationsnetz
ISO/OSI	Ist ein Schichtenmodell, welches im informationstechnologischen Bereich als Grundlagenmodell zur Erläuterung des Datenübertragungsprozess genutzt wird
Kvz	Kabelverzweiger oder auch Cabinet sind die lokalen Verteilerelemente, die die Leitungen vom Hauptverteiler an die Kunden weiterleiten
LTE	Long Term Evolution
MIMO	Multiple Input Multiple Output
ms	Millisekunde
NGA	Next Generation Access
NGN	Next Generation Network
OECD	Organization for Economic Co-operation and Development
OPEX	Operational Expenditures sind die laufenden Kosten für eine

	Investitionsobjekt
P2P	Punkt zu Punkt
PON	Passives optisches Netzwerk, aktuell wird Variante GPON verwendet
TCP	Transmission Protocol ist das Standardprotokoll für die paketorientiert Datenübertragung im Internet
TK	Telekommunikation
TKG	Telekommunikationsgesetz
URL	Universaldienstrichtlinie
VDSL	Very high Bitrate Digital Subscriber Line
xByte	Byte beschreibt die Speichermenge von Daten, welche binär gemessen werden. Das x beschreibt die konventionellen Größensprünge mit dem Faktor 10^3 von einem Byte über Kilo-, Mega-, Giga-, Terra- und Petabyte als Maßgrößen für Datenvolumen.
xHz	Ist die physikalische Messeinheit für Schwingungen pro Sekunde. Sie gibt die mögliche Frequenzkapazität der Datenübertragung an.

Abbildungsverzeichnis

Tabellenverzeichnis

Formelverzeichnis

1 Einleitung

Deutschland ist im Vergleich zu anderen Ländern eine Wirtschaftsnation, die aufgrund ihrer Innovationen eines der exportstärksten Länder der Welt ist. Dabei nimmt das Internet eine entscheidende Rolle bei der Informationsgewinnung und -weiterleitung sowie Bereitstellung von Dienstleistungen ein. Mit der nächsten Netzwerkgeneration NGA/NGN stehen größere Datenkapazitäten über das Internet schneller zur Verfügung. Dies steigert den Austausch von Informationen und somit die Innovationsfähigkeit Deutschlands. Die deutsche Bundesregierung hat 2009 deshalb ein Strategiepapier vorgelegt, welches einen flächendeckenden Ausbau des Breitbandnetzes vorsieht. Doch bis jetzt ist die erste Zielsetzung eines flächendeckenden Breitbandausbau bis 2010 immer noch nicht erfüllt. Dies führte zu politischen Debatten, in denen das Regulierungsinstrument der Universaldienstverpflichtung diskutiert wurde, um einen flächendeckenden Breitbandausbau in Deutschland durchzusetzen. Dies wird andererseits stark kritisiert, da dies mit einem Eingriff in Marktmechanismen in denen sich bereits ein Wettbewerb etabliert hat, einhergeht.

Anhand dieser Diskussion ergibt daher die zentrale Frage der vorliegenden Ausarbeitung: Ist eine Universaldienstverpflichtung der Breitbandanbieter auf Infrastrukturebene in Deutschland für eine flächendeckende Breitbandversorgung ökonomisch sinnvoll?

Aus dieser Fragestellung werden weitere Fragen abgeleitet:

- Welche Ausgangsbedingungen herrschen in Deutschland?
- Welche Technologien sind für den Breitbandausbau verfügbar?
- Wie hoch ist der Kostenumfang durch die Finanzierung einer Universaldienstverpflichtung?
- Welcher Nutzen entsteht durch eine Universaldienstverpflichtung?
- Welche relativierenden Faktoren gibt es?

Schwerpunktmäßig soll in dieser Analyse die Kostenstruktur des Universaldienstes dargestellt und mit dem sich daraus ergebenden Nutzen verglichen werden. Darüber hinaus sollen relevanten Faktoren, die einen Einfluss auf die Relevanz von Universaldienstverpflichtung haben, vorgestellt werden. Die dabei verwendeten Zahlen und Rechnungen dienen lediglich zur Veranschaulichung von möglichen Kosten und Einnahmen bzw. Nutzen des Universaldienstes. Vielmehr wird der Fokus darauf gelegt werden, ob der Universaldienst generell im deutschen Breitbandsektor etabliert werden sollte.

Zu Beginn der Untersuchung sollen die in Deutschland gängigen Breitbandtechnologien Glasfaser, VDSL, Kabelnetze und LTE sowie die Infrastruktur dargestellt werden. Im Anschluss werden die ökonomisch relevanten Faktoren Sunk Costs, Economy of Density und Universaltdienst und deren Einfluss auf den flächendeckenden Breitbandausbau aufgezeigt.

Der folgende Abschnitt stellt den aktuellen Stand des Informations- und Telekommunikationssektors und den Breitbandausbau dar. Ebenso soll die derzeitige Bevölkerungs- und Teilnehmerstruktur in Deutschland sowie deren Entwicklung verdeutlicht werden, um mögliche Auswirkungen auf den Breitbandausbau absehen zu können.

Das anschließende Kapitel behandelt die Universaldienstkosten. Dabei werden die Kosten des Universaldienstmechanismus selbst und die Infrastrukturkosten betrachtet. Ebenso sollen die gesetzlichen Rahmenbedingungen für eine Universaldienstverpflichtung sowie deren Ausgestaltung und Konsequenzen für den Breitbandsektor in Deutschland aufgezeigt werden. Für die Infrastrukturkostenberechnung werden anhand der ermittelten Technologiekosten im Rahmen verschiedener Studien die Infrastrukturkosten einer Universaldienstverpflichtung für einen flächendeckenden Ausbau näherungsweise vorgestellt.

Anschließend sollen die ermittelten Einflussfaktoren und Universaldienstkosten dem Einkünften bzw. Nutzen einer Universaldienstverpflichtung gegenübergestellt werden. Abschließend soll zudem eine Handlungsempfehlung bezüglich der Frage, ob die Etablierung eines Breitband-Universaldienstes in Deutschland sinnvoll ist, gegeben werden.

2 Technische und wirtschaftliche Grundlagen von Breitbandnetzen

2.1 Technische Grundlagen des Breitbandnetzes

Bevor ein Überblick über die technischen Gegebenheiten des Breitbandsektors erfolgen kann, muss Breitband bzw. Bandbreite definiert werden. Breitband umfasst alle Arten schneller Datenübertragung im Internet. Allerdings variieren die Anforderungen an die Mindestübertragungsrate der Datenübertragungsrate je nach Institution bzw. Nation zwischen 256 kBit/s[1] und 1 MBit/s[2]. Durch dynamische Prozesse und Dienstleistungen wie Cloud Computing[3] ist davon auszugehen, dass der Bedarf an einer funktionsfähigen Infrastruktur mit hoher Bandbreite und geringer Verzögerung steigen wird.[4] Zunehmende Bandbreiten und geringe Latenz sind erforderlich, um die Funktionsfähigkeit der heterogenen Internetdienste zu garantieren. Dabei sind die Kriterien einer ausreichend großen Bandbreite sowie die Latenz und teilweise die Symmetrie der Down- und Uploadgeschwindigkeiten von entscheidender Bedeutung. In den Hauptnutzungszeiten besteht für einige Dienstleistungen nicht genügend Kapazität zur Verfügung. Dadurch ist die Nutzung hochwertiger Internetdienste eingeschränkt und führt zu einer Reduzierung der Wohlfahrt[5].[6]

Zum besseren technischen Verständnis soll in den folgenden Abschnitten eine Übersicht über die technischen Anforderungen und Eigenschaften der Breitbandinfrastruktur sowie der in Deutschland am häufigsten eingesetzten Breitbandtechnologien gegeben werden.

---

[1] Angabe der OECD (vgl. Baake, Pavel, Schumacher (2011), S. 2).
[2] Definition des BMWi in seiner Breitbandstrategie (vgl. BMWi (2009), S. 7; Baake, Pavel, Schumacher (2011), S. 2).
[3] Cloud Computing ist die Bereitstellung von Rechenleistung, Speicherplätzen oder Ähnlichem über das Internet (vgl. BSI (2012)).
[4] Vgl. Baake, Pavel, Schumacher (2011), S. 2.
[5] Wohlfahrt besteht grundsätzlich aus Konsumenten- und Produzentenrente (vgl. Kramer (2007), S. 127; Vogler (2011), S. 9).
[6] Vgl. Litan, Singer (2007), S. 569; Vogler (2011), S. 6 ff., S. 23.

2.1.1 Netzstruktur

Das Internet ist ein dezentrales Netzwerk, welches über verschiedene Übertragungsmedien Daten in Paketform zwischen den Nutzern und den Anbietern von Applikationen über sogenannte Router und Datenstationen überträgt. Für die folgende Betrachtung ist eine horizontale sowie vertikale Segmentierung dieses Systems notwendig, um die relevanten Kostenträger zu identifizieren und ein besseres Verständnis über den Einfluss bestimmter Segmente auf die Kostenstruktur zu bekommen.

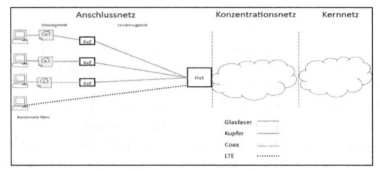

Abbildung 1: Aufbau des Internets nach dem NGA-Modell[7]

Wie anhand der Abbildung 1 zu erkennen ist, gliedert sich die Infrastruktur des Internets in drei Netzbereiche[8]. Diese Bereiche sind das Kernnetz, das Konzentrationsnetz und das Zugangsnetz, wobei Letzteres im Fokus der Untersuchung steht. Kern- und Konzentrationsnetz werden aufgrund ihres geringen Einflusses auf die Kostenstruktur hinsichtlich ihrer Kostenanteile für einen flächendeckenden Breitbandausbau nicht weiter betrachtet.[9] Das Zugangsnetz umfasst die Schnittstelle vom Konzentrationsnetz über die Hauptverteiler, den Kabelverzweiger[10], das Gebäudenetzwerk bis zum Nutzeranschluss. Bei funkbasierenden Technologien umfasst das Anschlussnetz die Schnittstelle vom Kernnetz über das Sendemodul bis hin zum Empfangsgerät. Das Gebäudenetzwerk wird als Teil des Zu-

---

[7] Eigene Darstellung nach Jay, Neumann, Plückebaum (2011), S. 27; NGA-Forum (2011a), S. 20; Elixmann et al. (2008), S. 73.
[8] Der Begriff *Bereich* soll die horizontale Segmentierung der Netzinfrastruktur wiedergeben, wohingegen der Begriff *Ebene* die vertikale Anordnung im Sinne von Schicht bzw. Layer beschreibt (vgl. NGA Forum (2011a), S. 3 ff.).
[9] Vgl. Jay, Neumann, Plückebaum (2011), S. 27.
[10] Der Kabelverzweiger wird in der FTTC-Architektur auch als Cabinet oder Curb bezeichnet, manchmal wird hier auch der Begriff Node verwendet. Letztendlich ist der Kabelverzweiger der Endpunkt der Glasfasertechnologie aus Sicht des Netzes zum Teilnehmer (vgl. Hoerning et al. (2010), S. 30).

gangsnetzes gesehen, aber in einigen Modellen als separater Bestandteil für die Kostenanalyse betrachtet.[11] In der weiteren Betrachtung steht das Anschlussnetz im Mittelpunkt der Universaldienstanalyse.

Im NGA-Modell[12] gibt es diverse Überschneidungen der jeweiligen Technologien zwischen den Netzbereichen, sodass funktionsgleiche Ebenen abstrakt in einem Schichtmodell zusammengefasst werden. Anhand dieses Modells wird eine vertikale Eingrenzung vorgenommen, im die relevanten Elemente der Kostenstruktur zu ermitteln.

ISO Modell		NGA-Ebenenmodell		
Schicht 7	Anwendungsschicht			
Schicht 6	Darstellungsschicht	Layer 4	Applikationen	Anwendungen
Schicht 5	Sitzungsschicht			
Schicht 4	Transportschicht			
Schicht 3	Netzwerkschicht	Layer 3	Übertragung	
Schicht 2	Sicherungsschicht	Layer 2	Übertragung	Aktive Infrastruktur
Schicht 1	Bitübertragungsschicht	Layer 1	Kanäle dedizierter Datenrate	
		Layer 0	Transportmedien	Passive Infrastruktur

Abbildung 2: NGA-Ebenenmodell[13]

Abbildung 2 zeigt, dass die vertikale Segmentierung, ähnlich wie im ISO/OSI-Modell, in Schichten dargestellt wird.[14] Das NGA-Schichtmodell wird vereinfachter als das ISO/OSI Modell aufgezeigt, um alle Breitbandtechnologien[15] mit ihren jeweiligen Besonderheiten abstrakt darstellen zu können. Anwendungsschicht, Darstellungsschicht, Sitzungsschicht und Transportschicht werden im NGA-Modell in einer Schicht, dem sogenannten *Layer 4,* zusammengefasst. Diese Anwendungsebene ist für die Infrastrukturkostenuntersuchung irrelevant und wird nicht weiterführend betrachtet. Relevant sind die Schichten *Layer 0* bis *3.* In *Layer 0* werden alle physikalischen Übertragungsmedien, wie Glasfaserkabelbäume, Leerrohre, Gebäudeverkabelung, Antennenmasten sowie weitere Medien, die die physika-

---

[11] Vgl. Jay, Neumann, Plückebaum (2011), S. 21. .
[12] Das Next Generation Access umfasst alle neuen breitbandigen Übertragungstechnologien bzw. -möglichkeiten wie FTTH, HFC, FTTC und LTE (vgl. NGA-Forum (2011a), S. 32 - 69).
[13] Eigene Darstellung nach NGA-Forum (2011a), S. 130.
[14] Durch die übereinanderliegenden Schichten soll verdeutlicht werden, dass die Eigenschaften der darunterliegenden Schicht immer als Basis für die darüberliegende Schicht notwendig ist (vgl. NGA Forum (2011a), S. 128 ff.).
[15] Der Begriff Breitbandtechnologien wird synonym für die verschiedenen Übertragungstechnologien verwendet.

lische Übertragung von Datensignalen[16] ermöglichen, zusammengefasst.[17] Die gesamte Infrastruktur, die notwendig ist, um eine aktive Datenübertragung gewährleisten zu können, wird in den folgenden Kapiteln als *passive Infrastruktur*[18] bezeichnet. Durch die Art der Glasfaserverlegung[19] wird festgesetzt, welche Glasfaserübertragungstechnologie in den nachgelagerten Ebenen genutzt werden kann.[20]

Die Layer 1 bis 3 bilden zusammen die *aktive Infrastruktur* und umfassen alle Einrichtungen bzw. Anlagen, die die Bereitstellung von dedizierten Bandbreiten bzw. Wellenlängen der jeweiligen Anbieter (*Layer 1*), die Erstellung der virtuellen Verbindung zum Teilnehmer (*Layer 2*) sowie die paketbasierende Übertragungstechnologie (*Layer 3*) für die in *Layer 4* verwendeten Dienste ermöglichen.[21] Unternehmen, die sich im Bereich der Infrastruktur aktiv und passiv bewegen, werden auch als Carrier bezeichnet. Alle Begriffe, die sich auf Telekommunikationsunternehmen beziehen, werden synonym für Carrier verwendet. Zusammenfassend wurden die Layer 0 und 1 im Schichtenmodell, die die aktive und passive Infrastruktur des Anschlussnetzes bilden als relevanter Bereich für die folgende Untersuchung identifiziert.

Im nächsten Abschnitt werden die verschiedenen Übertragungsarten bzw. -technologien vorgestellt.

2.1.2 Glasfasernetze

Glasfaser ist die modernste kabelgebundene Datenübertragungstechnologie, die derzeit verfügbar ist. Sie überträgt optische Signale durch Wellenlängenmultiplex[22] mit einer Übertragungsfrequenz bis zu 60 THz und ist somit um den Faktor 60.000 leistungsfähiger als ein normales Koaxialkabel. Die Glasfaserinfrastruktur ist in einer FTTH Architektur angelegt, was bedeutet, dass Glasfaser vom Hauptverteiler bis hin zum Teilnehmeran-

---

[16] Ein Signale ist elektronische, optische oder elektromagnetische Wiedergabe von Daten (vgl. Krämer (2007), S. 7).
[17] Vgl. NGA-Forum (2011a), S. 15 f.
[18] Die passive Infrastruktur kann separat von anderen Anbietern oder öffentlichen Trägern als Vorleistungsprodukt für den *aktiven* Breitbandbetrieb bereitgestellt werden (vgl. NGA-Forum (2011a), S. 16 f.).
[19] Mit der Verlegung der Kabel wird festgelegt, ob eine Punkt-zu-Punkt- oder eine Punkt-zu-Multipunkt-Architektur und die damit verbundene Datenübertragung betrieben wird (siehe 2.1.3).
[20] Vgl. NGA-Forum (2011a), S. 16 f.
[21] Vgl. NGA-Forum (2011a), S. 17 f., S. 28 ff.
[22] Wellenlängenmultiplex ist eine Übertragungstechnologie für Glasfasermedien, für weitere Informationen siehe NGA-Forum (2011a), S. 47 ff.

schluss verlegt worden ist. Man unterscheidet drei Varianten: P2P, Active Ethernet und PON. Relevant für die Untersuchung sind P2P und PON. Bei P2P wird eine durchgängige Leitung vom Hauptverteiler bis hin zum Endkunden bereitgestellt. xPON hingegen splittert sich am Kabelverzweiger in weitere Leitungen auf.

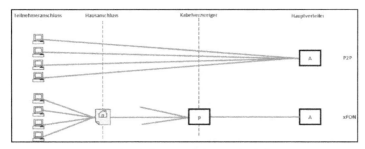

Abbildung 3: Glasfasertopologie P2P und xPON[23]

Wie in der Abbildung 3 vereinfacht dargestellt, wird bei einer Punkt-zu-Punkt-Verbindung jeder Kunde mit einer für ihn reservierten, durchgängigen Leitung vom Hauptverteiler bis zum Nutzeranschluss versorgt. Es können Strecken von 40 km bis 80 km zwischen Hauptverteiler und Nutzer liegen, ohne dass ein Signalverstärker zwischengeschaltet werden muss. Ebenso können Bandbreiten je nach Kundenwunsch von 100 MBit/s bis 10 GBit/s pro Faser bereitgestellt werden.[24]

Bei einer Punkt-zu-Multipunkt-Verbindung wird die Glasfaserleitung aus dem Feeder-Segment über einen passiven Splitter auf mehrere Fasern aufgeteilt. Dadurch wird die Übertragungskapazität der Faser ebenfalls aufgesplittet. Technisch liegen die Verhältnisse bei 1:32. In diesem Verhältnis teilt sich auch die Übertragungskapazität der Glasfaser auf die Nutzer auf. Die Übertragungskapazität beträgt bei GPON 2,5 GBit/s im Download- und 1,25 GBit/s im Upload-Bereich. Die maximale Distanz zwischen Hauptverteiler und Nutzer beträgt in dieser Topologie 20 km.[25] Die Vor- und Nachteile der jeweiligen Anordnungen werden in Abschnitt 3.2.3 ausführlicher behandelt.

Im nächsten Abschnitt werden die Hybridvarianten aus konventionellen und neuen Übertragungsmedien dargestellt.

---

[23] Eigene Darstellung nach NGA-Forum (2011a), S. 33.
[24] Vgl. Hoerning et al. (2010), S. 36.
[25] Vgl. Hoerning et al. (2010) S. 28 - 40; NGA-Forum (2011a), S. 8, S. 35.

2.1.3 Hybridnetze

Wie die Abbildung 1 verdeutlicht, sind Hybridnetze, die in einer FTTC-Architektur den Zwischenschritt zwischen den konventionellen Kabel- und Telefonnetzen und den modernen FTTH-Glasfasernetzen bilden. Die Glasfaser ist netzseitig im Feedersegment bis zum Kabelverzweiger ausgebaut. Im Dropsegment, ab dem Kabelverzweiger, werden Kupferdoppeladerleitungen des alten Telekommunikationsnetzes genutzt.[26]

Die Breitbandübertragungstechnologie VDSL basiert auf der FTTC-Architektur des ehemaligen Telefonnetzes und erreicht durch die hybride Netzstruktur Übertragungsgeschwindigkeiten zwischen 52 MBit/s und 100 MBit/s im Down- und Uploadbereich. Um diese Bandbreiten zu gewährleisten, darf die Distanz der Kupferdoppelader zwischen Kabelverzweiger und Nutzeranschluss maximal 500 m betragen.[27]

Das Breitbandkabelnetz oder auch Hybrid Fiber Coax genannt, entwickelte sich aus dem ehemals analogen Fernsehkabelnetz und wurde durch die Innovation neuer Hardware rückkanalfähig. Es ist mit Signalverstärker ausgerüstet, die eine höhere Trassenlänge[28] zulassen. Die Datenübertragung findet auf Basis von DOCSIS 3.0 statt, welche eine Bandbreite von bis zu 400 MBit/s im Downloadbereich und bis zu 108 MBit/s im Upload-Bereich ermöglicht.[29] DOCSIS ist ein Datenübertragungsprotokoll, welches im Kabelnetz eingesetzt wird.

Im nächsten Abschnitt wird Long Term Evolution als funkbasierende Breitbandübertragungstechnologie vorgestellt.

---

[26] Vgl. NGA-Forum (2011a), S. 35 f.
[27] Vgl. ebenda, S. 42 - 45.
[28] Trassenlänge beschreibt die Distanz einer Datentransferleitung zwischen zwei Anschlusspunkten, dabei ist die Art der Leitung irrelevant (vgl. Jay, Neumann, Plückebaum (2011), S. 1 f).
[29] Vgl. Wichert-Nick et al. (2011), S. 18.

2.1.4 LTE als funkbasierende Breitbandübertragung

Anders als leitungsgebundene Technologien basiert LTE auf einer Datenübertragung per Funk. Diese Datenübertragung findet im normalen Mobilfunknetz statt und ist folglich auch dessen Architektur und Aufbau unterworfen.

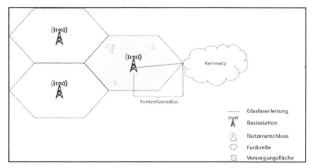

Abbildung 4: Aufbau des Mobilfunknetzes[30]

Wie in Abbildung 4 dargestellt, besteht das Mobilfunknetz aus einzelnen Zellen, deren Kern die Basisstation bildet. Hierbei handelt es sich um einen Funkmast, der mit Sende- und Empfangsmodulen für die jeweiligen Übertragungstechniken ausgestattet ist. Dieser Funkmast ist über eine Glasfaserleitung direkt mit dem Kernnetz verbunden. Die Signalstärke des Funksignals und die damit einhergehende Empfangsqualität nehmen mit steigender Entfernung des Nutzers zur Basisstation ab. Der Abstand, mit welchem ein Empfangsgerät noch mit einer vorgegebenen Mindestqualität versorgt werden kann, bildet den Radius der Funkzelle. Innerhalb dieser Funkzelle werden alle sich darin befindlichen Empfangsgeräte durch die Basisstation der Funkzelle versorgt. Überschreitet ein Nutzer mit seinem Empfangsgerät diesen Radius, wechselt das Empfangsgerät des Nutzers die Funkverbindung selbstständig zur nächsten Basisstation mit dem stärkeren Signal.[31] Um Störungen zwischen den Funkzellen zu vermeiden, müssen in direkt benachbarten Funkzellen unterschiedliche Frequenzbänder genutzt werden, was den Bedarf des Frequenzspektrums deutlich erhöht.[32]

---

[30] Eigene Darstellung nach Fettweis (2011), S. 8 - 9.
[31] Vgl. Fettweis (2011), S. 8 ff.
[32] Vgl. ebenda, S. 9.

Long Term Evolution stellt die momentan aktuellste Mobilfunkgeneration, auch 4G genannt, dar. Im Gegensatz zu der älteren Mobilfunkgeneration kann mit LTE, wie bei UMTS, jede Zelle mit den gleichen Frequenzen ausgestattet und die Störungsanfälligkeit mit optimieren Signalverarbeitungsverfahren reduziert werden.[33] Der Zellradius der Funkzellen hängt von den genutzten Frequenzen ab. Mit LTE kann eine mittlere Nutzerdatenrate[34] von 1,3 MBit/s bis 13 MBit/s im Download- und 720 kBit/s bis 7 MBit/s im Upload-Bereich erreicht werden. Dies entspricht einer Funkzellenbandbreite zwischen 172,8 MBit/s und 300 MBit/s. Um diese Bandbreiten zu erreichen, werden voneinander unabhängige gleichgroße Kanäle genutzt.[35]

Mit der Übersicht über die funkbasierende Breitbandtechnologie LTE wurden alle relevanten und in Deutschland hauptsächlich verwendeten Breitbandübertragungstechnologien vorgestellt. Zwar gibt es noch die Möglichkeit, Datenübertragung über Satellit durchzuführen, was jedoch im Rahmen dieser Betrachtung nicht von Relevanz ist.

Aufgrund der eben vorgestellten Technologien sind einige ökonomische Effekte von besonderer Bedeutung für die weitere Betrachtung. Diese werden im anschließenden Abschnitt dargestellt.

2.2 Ökonomische Grundlagen des Breitbandausbaus

Netzinfrastrukturen weisen besondere ökonomische Merkmale wie Sunk Costs und Dichtevorteile auf. Ebenso soll der Universaldienst in seinen Grundzügen dargestellt werden.

2.2.1 Sunk Costs im Breitbandausbau

Kosten oder auch Sunk Costs ergeben sich aus der Irreversibilität der betroffenen Ressourcen. Dabei kann es sich um Investitionen bzw. Aufwendung handeln, deren Irreversibilität dadurch gekennzeichnet ist, dass in diesen Fällen eine mehrperiodige Verwendung vorgesehen ist und nur eingeschränkte bzw. keine Alternativen vorhanden sind. Dadurch tendiert

---

[33] Vgl. Fettweis (2011), S. 10.
[34] Die mittlere Nutzerdatenrate ist die Bandbreite, die ein Nutzer unter realen Bedingungen erwarten kann (vgl. Fettweis (2011), S. 9 f., 41 f.; NGA-Forum (2011a), S. 62).
[35] Vgl. Fettweis (2011), S. 40 f.; NGA-Forum (2011a), S. 62.

ihr Liquidationswert gegen Null oder ist Null. Der irreversible Anteil ergibt sich aus der Differenz des Anschaffungswerts und des Liquidationswerts des Investitionsobjekts bzw. der Aufwendung.[36]

Grund dieser Irreversibilität ist die Art ihrer Verwendungsspezifität und ihre Verweildauer am Markt. Je spezifischer der Spezialisierungsgrad der erlangten Ressource, desto geringer ist die Anzahl der möglichen Abnehmer bei einer Weiterveräußerung. Ebenso spielt der Faktor Mobilität der Ressource eine wichtige Rolle, da eine Immobilie oder Anlage nicht anderen Orts wieder errichtet werden kann. Dadurch sinkt der Kreis der potentiellen Abnehmer.[37] Man unterscheidet zwischen Industrie-, Markt-und Transaktionsirreversibilität.[38] Grundsätzlich sind die Anschlussnetze als marktirreversibel zu betrachten, da ein anderer Carrier durchaus noch Interesse an dieser Sauce haben kann. Bei passiver Infrastruktur im Mobilfunkbereich können die verwendeten Einrichtungen immer noch für den Betrieb von UMTS- oder GSM-Netzen genutzt werden. Anlagen zur Vermittlung von Datendiensten, wie Router und sonstige aktive Infrastrukturen sind industrieirreversibel, da sie noch für die gesamte Industrie als mobile Ressourcen verfügbar sein können.[39]

Durch die Sunk Costs existiert für potentielle Marktteilnehmer eine Markteintrittsbarriere in Form des Investitionsrisikos.[40] Ein potentieller Marktteilnehmer muss, im Gegensatz zu einem bereits etablierten Unternehmen, erst Investitionen[41] in eine geeignete Infrastruktur tätigen, bevor er diese betreiben kann. Werden jedoch zu geringe Einnahmen generiert, kann der potentielle Wettbewerber die entstehenden Kosten nicht decken.[42] Stehen verschiedene Regionen mit unterschiedlichen Bevölkerungsdichten zur Auswahl, wird der potentielle Marktteilnehmer sein Datennetz in Regionen errichten, in denen eine hohe ungedeckte Nachfrage nach Bandbreite existiert. Hier kann er erwarten, dass durch die Nachfrage und die damit verbundenen Zahlungen die Kosten für die vorangegangenen Investitionen gedeckt werden. Folglich wird er dicht besiedelte Regionen den schwach besiedelten vorziehen, um das Risiko der Insolvenz zu minimieren.[43]

---

[36] Vgl. Baumol, Willig (1981), S. 406 f.; Kruse (2001), S. 74; Walke (1999), S. 148.
[37] Vgl. Walke (1999), S. 149.
[38] Vgl Kruse (1985), S. 60 - 63.
[39] Vgl. Wake (1999), S. 149 f.
[40] Vgl. Baumol, Willig (1981), S. 418; Graak (1997), S. 84 ff.
[41] Investitionen können auch Fixkosten sein, deren Wert unabhängig von der Produktionsmenge ist (vgl. Baumol, Willig (1981), S. 406 ff.).
[42] Vgl. Kruse (2001), S. 75.
[43] Vgl. Baumol, Willig (1981), S. 418 f.

Optional können Sunk Costs und das damit einhergehende Risiko in Form von Quersub-
ventionen, Langzeitverträgen oder bei Universaldienstverpflichtungen[44] mit Subventionen
reduziert werden.[45]

Die eben erwähnte unternehmerische Präferenz basiert auf dem ökonomischen Effekt von
Dichtevorteilen, die im anschließenden Abschnitt thematisiert werden.

2.2.2 Dichtevorteile in der Breitbandinfrastruktur

Gerade in Sektoren mit einer leitungsgebundenen Infrastruktur wie Gas, Elektrizität, Wasser und Telekommunikation ist es besonders relevant, ob Skalen- oder Bündelungseffekte
vorhanden sind, da diese Infrastrukturen von hohen Investitionen und Fixkosten dominiert
werden.[46] Skaleneffekte, die sich auf Vorteile durch räumliche Dichte beziehen, werden
auch Dichtevorteile oder Economy of Density genannt.[47]

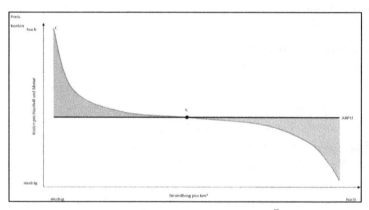

Abbildung 5: Dichtevorteile durch Besiedlungsdichte[48]

---

[44] Universaldienste werden im Abschnitt 2.2.3 behandelt.
[45] Vgl. Baumol, Willig (1981), S. 420.
[46] Fixkosten sind Kosten, die unabhängig von der Produktionsmenge anfallen. Ein Beispiel hierfür ist der Strombedarf
des Hauptverteilers und seiner Anlagen, da er unabhängig von der durchgeleiteten Datenmenge einen konstanten Strom-
verbrauch erzeugt (vgl. Graak (1997, S. 33).
[47] Vgl. Kruse, Liebe (2005), S. 25.
[48] Eigene Darstellung, angelehnt an Kruse (2000), S. 5.

Abbildung 5 verdeutlicht, wie Sunk Costs und Fixkosten bei einer hohen Besiedlung pro angeschlossenen Haushalt mit steigender Dichte sinken.[49] Die in Rot dargestellte Kostenfunktion **C** gibt die antizipierten monatlichen Kosten eines Teilnehmers an. Diese setzen sich aus den Investitions- und Betriebskosten der Infrastruktur zusammen. Dabei wurde anhand der wirtschaftlichen Lebensdauer des Investitionsobjekts und der monatlichen Betriebskosten ein Durchschnittswert pro Haushalt[50] für die jeweilige Besiedlungsdichte gebildet. Wie zu erkennen ist, sinken die auf der Ordinate angegebenen Kosten pro Haushalt mit steigender Besiedlungsdichte, welche auf der Abszisse angegeben ist. Die in Schwarz dargestellte durchschnittliche Einkommensfunktion **ARPU** ergibt sich aus den unterschiedlichen Anteilen der genutzten Tarifpreise für Einzel-, Bündel- und Geschäftskundentarife, die in Deutschland vorhanden sind. Sie wird zur Vereinfachung als unabhängig von der Besiedlungsdichte angenommen und ist somit konstant für alle Besiedlungsdichten. Vergleicht man die Kosten- mit der Einkommensfunktion, stellt man fest, dass die Kosten für einen angeschlossenen Haushalt bzw. Teilnehmer bis zum Schnittpunkt **S** über den durchschnittlichen Einkommen liegen. Es entsteht ein Defizit in Höhe der rot markierten Fläche für die betroffenen Regionen mit geringer Siedlungsdichte. Dieses Defizit ist darauf zurückzuführen, dass die Zahl der vorhandenen Teilnehmer zu niedrig ist, um Durchschnittskosten zu erreichen, die dem **ARPU** entsprechen. Erst mit steigender Bevölkerungsdichte sinkt die negative Ertragskostendifferenz pro Haushalt bis zum Punkt **S.** In diesem Punkt entsprechen die Kosten der Infrastruktur dem möglichen Einkommen.

Ab dem Punkt S sinken die Kosten pro angeschlossenen Haushalt unter die Einkommensfunktion, was für die Infrastrukturbetreiber Gewinne ermöglicht und eine Erschließung mit steigendem potentiellem Gewinn umso wahrscheinlicher ist, je höher die Teilnehmerdichte in der betroffenen Region ist.

Es wird in dicht besiedelten Gebieten zwar insgesamt mehr Leitungsstrecke verlegt und mehr investiert, jedoch sinkt die Länge der Leitungen und die damit verbundenen Investitionen pro Haushalt deutlich gegenüber einem Haushalt in schwach besiedelten Regionen. Dies ist zum einen auf die Länge der Leitung zu den jeweiligen Haushalten und zum anderen auf die Anzahl der Kabel bzw. Leitungen, die sich einen Kabelgraben bzw. ein Leerrohr teilen, zurückzuführen. Insgesamt sind die Kosten für die Erschließung dicht besiedel-

---

[49] Vgl. Elixmann et al. (2008), S. 71.
[50] Hierbei wird angenommen, dass alle verfügbaren Haushalte angeschlossen werden.

ter Gebiete höher, jedoch sind durch die kürzeren Strecken zwischen den einzelnen Haushalten und den Knotenpunkten die Kosten pro angeschlossenen Haushalt deutlich geringer und es werden mehr Leitungen je Kabelgraben gelegt.[51]

Mit sinkenden Anschlusskosten pro Haushalt reduziert sich damit auch das in Abschnitt 2.2.1. beschriebene Risiko, dass die irreversiblen Kosten vollständig entfallen. Je höher diese Dichtevorteile sind, umso niedriger ist die benötigte Penetrationsrate[52] angeschlossener Nutzer, um ein NGA-Netzwerk kostendeckend zu betreiben.[53] Die Grafik zeigt somit deutlich, dass die Gebiete, die eine Teilnehmerdichte aufweisen, die höher ist als die Teilnehmerdichte im Punkt S, durch den Wettbewerbsmechanismus vom Markt erschlossen werden. Problematisch wird es für die Gebiete, die über eine geringere Teilnehmerdichte verfügen und sich links vom Punkt S befinden. In der Universaldienstdiskussion sind es diese Gebiete, die durch konventionelle Marktmechanismen vermutlich nicht erschlossen werden, da sie auf der Infrastrukturebene Defizite für die Infrastrukturbetreiber erzeugen.

Economy of Density sind ebenso Verbundvorteile. Beispielhaft hierfür ist die Trennung zwischen Telefon-, Kabel- und Datennetz vor 1980. Mittlerweile werden diverse Anwendungen wie Sprachtelefonie, Datentransport und TV-Signale über ein Netz transportiert.[54] Mit jedem weiteren Dienst, der zusätzlich verwendet wird, werden Bündelungsvorteile erzeugt. Verbundvorteile sind auf der Infrastrukturebene eher irrelevant.[55]

Skaleneffekte sind gleichzeitig ein Indikator für Subadditivität[56], was die Existenz eines Monopolisten als allokativ effizientere Option primär befürwortet, da er die Versorgung eines Gebietes kostengünstiger bewerkstelligen kann als eine Vielzahl von Anbietern.[57] Diese nimmt mit steigender Netzgröße ab, wodurch eine Untergliederung der Netze und somit ein Infrastrukturwettbewerb sich als notwendig erweist.[58] Durch die neuen Übertragungstechnologien wie LTE und Kabelinternet entstehen alternative Anschlussmöglichkeiten der Haushalte an das Anschlussnetz. Dieses wird somit in seiner Stellung als sogenann-

---

[51] Vgl. Graak (1997), S. 25; Birke (2009), S. 72.
[52] Die Penetrationsrate ist der kumulierte Anteil der Kunden, die eine Dienstleistung beziehen (vgl. Gabler (2012a)).
[53] Vgl. Elixmann et al. (2008), S. 71.
[54] Vgl. Graak (1997), S. 33.
[55] Vgl. Walke (1999), S. 111.
[56] Subadditivität liegt dann vor, wenn ein Unternehmen auf gleichem Raum die Hausanschlüsse zu geringeren Kosten versorgen könnte als zwei in Konkurrenz stehende Unternehmen (vgl. Kruses (2001), S. 72 f.; Graak (1997), S. 25).
[57] Baumol, Willig (1981), S. 408 f.
[58] Vgl. Graak (1997), S. 25 ff.

tes Bottleneck[59] zusätzlich erodiert. Ebenso wird das Anschlussnetz entbündelt, sodass andere Internetserviceprovider die Möglichkeit erhalten, über die Infrastruktur der Anschlussnetzinfrastrukturbetreibers Internet anzubieten.[60] Dabei erhält der Infrastrukturbetreiber eine entsprechende Mietgebühr für die Nutzung seiner Infrastruktur.

Weitere Faktoren, die zusätzliche Größenvorteile in der Infrastruktur erzeugen, ergeben sich durch die Kapazität der physikalischen Übertragungsmedien und deren Netzdimensionierung.[61] Bevorzugt man Glasfaser gegenüber Kupfer, können deutlich mehr Daten bei gleichen oder sogar geringeren Kosten übertragen werden. Diese Bündelungsvorteile sind besonders bei leitungsgebundenen Technologien ausgeprägt, wohingegen Dichtevorteile auf funkbasierenden Übertragungstechnologien geringere Auswirkungen haben als bei leitungsgebundenen Technologien. Jedoch existieren bei funkbasierenden Technologien Größenvorteile durch die Funkzellengröße, die eine Basisstation mit ihrem Funkradius abdeckt.[62]

2.2.3 Universaldienste

Wie bereits in Abschnitt 2.2.1 beschrieben, werden Unternehmen aufgrund der Dichtevorteile vor allem Regionen mit hoher Dichte bevorzugt erschließen, da die Erschließung schwach besiedelter Regionen nicht rentabel ist. Diese könnten gegebenenfalls nicht ausreichend versorgt sein bzw. werden.

Wird Breitband wie Wasser, Elektrizität, Wärme und Sprachtelekommunikation als gesellschaftlich und wirtschaftlich unverzichtbares Gut angesehen, sieht sich der Staat gezwungen, regulierend einzugreifen, sobald eine Unterversorgung in einzelnen Regionen festgestellt worden ist.[63] Um dieses Defizit auszugleichen, nutzt der Staat das Regulierungsinstrument Universaldienst. Damit verpflichtet der Staat ein Unternehmen, welches auf dem relevanten Markt tätig ist, Dienstleistungen in den unterversorgten bzw. nicht versorg-

---

[59] Bottleneck beschreibt das Anschlussnetz als notwendige Einrichtung bzw. Infrastruktur bei vorliegenden hohen irreversiblen Kosten als natürliches Monopol, bei dem es sich nicht lohnt, ein konkurrierendes Netz aufzubauen (für eine genauere Beschreibung siehe Knieps (2003), S. 3 ff.; Vaterlaus et al. (2003), S. 7 ff.).
[60] Vgl. § 84 TKG.
[61] Vgl. Walke (1999), S. 115 ff.
[62] Vgl. Birke (2009), S. 73.
[63] Vgl. Birke (2009), S. 73, Kruse (2000), S. 1.

ten Gebieten bereitzustellen.[64] Im Fall der Bereitstellung von sprachbasierender Telekommunikation ist Universaldienstleistung im Telekommunikationsgesetz als „[...]ein Mindestangebot an Diensten für die Öffentlichkeit, für die eine bestimmte Qualität festgelegt ist und zu denen alle Endnutzer unabhängig von ihrem Wohn-und Geschäftsort zu einem erschwinglichen Preis Zugang haben müssen und deren Erbringung für die Öffentlichkeit als Grundversorgung unabdingbar geworden ist"[65] definiert.

Durch die Etablierung einer solchen Pflicht entstehen zusätzliche Kosten, die sich zum einen durch das staatliche Handeln und den Universaldienstmechanismus, zum anderen aus den zusätzlichen Infrastrukturkosten in Abhängigkeit von der Universaldienstqualität[66] ergeben. Vergleicht man diese mit den möglichen zusätzlichen Einnahmen, ergibt sich aus der negativen Differenz die Universaldienstlast. Potentiell ist ebenfalls eine positive Differenz möglich, sofern die Einnahmen die entstehenden Kosten übersteigen. Bei negativer Differenz muss die entstehende Universaldienstlast finanziert werden. Zusätzlich beeinflusst eine Universaldienstverpflichtung die Errichtung eines flächendeckenden Breitbandausbaus, da Infrastrukturen und Ressourcen in Regionen zur Verfügung gestellt werden müssen, die unter wettbewerblichen Bedingungen zu einem späteren Zeitpunkt, in einem geringeren Umfang oder gar nicht erschlossen werden würden.[67] Die Finanzierung einer Universaldienstverpflichtung unter wettbewerblichen Bedingungen kann durch staatliche Subventionen wie im Energiesektor[68] oder Sektorfonds, die durch die beteiligten Unternehmen getragen werden, ermöglicht werden und ist mit zusätzlichen Kosten verbunden.[69]

Die Bedingungen, Ausgestaltung, Kosten und Konsequenz eines Universaldienstes in Deutschland sollen im Abschnitt 4 ausführlich dargestellt werden. Im anschließenden Kapitel 3 werden die Ausgangsbedingungen, die für den Breitbandsektor relevant sind, aufgezeigt.

---

[64] Vgl. Damjanovic et al. (2006), S. 186; Elsenbast (1999), S. 24 f.; Knieps (2005), S. 4 f.
[65] § 78 Abs. 1 TKG.
[66] Als Universaldienstqualität werden die Qualitätskriterien Bandbreite, maximale Verzögerung oder auch Latenz und Symmetrie im Up- und Download kumulativ von staatlicher Seite vorgeschrieben (vgl. Baake, Pavel, Schumacher (2011), S. 22).
[67] Vgl. Panzar (2000), S. 213.
[68] Vgl. Knieps (2005), S. 8.
[69] Vgl. Graak (1997), S. 87 f.; Knieps (2005), S. 10.

3 Breitbandausbau und Telekommunikationsgesetz: Status quo

Die Frage, ob es ökonomisch sinnvoll ist, eine Universaldienstverpflichtung im Breitbandsektor zu etablieren, hängt von mehreren Faktoren ab. Dabei muss sowohl eine statische als auch dynamische Betrachtung bezüglich Umsatzpotenzial, Migration innerhalb der Bundesrepublik und Rahmenbedingung für eine Universaldienstverpflichtung durchgeführt werden. Neben einem Kosten-Nutzen-Vergleich sind diese Faktoren als Ergänzung für eine umfassendere Betrachtung relevant. Daher soll im Folgenden die Lage des gesamten Telekommunikationssektors in Bezug auf den Breitbandausbau und die Nutzungsweise derzeitiger Internetdienste dargelegt werden. Ebenso sollen die Besonderheiten der jeweiligen Übertragungstechnologien und damit verbundene Unternehmen erläutert und deren Einfluss auf die Entwicklung des Breitbandnetzes dargestellt werden. Zudem ist es notwendig, neben den wirtschaftlichen Voraussetzungen auch die Migration innerhalb der Regionen zu betrachten, da diese einen besonderen Einfluss auf die regionale Bevölkerungsdichte hat. Auch sollen die Voraussetzungen, Rahmenbedingungen und Form eines Breitband-Universaldienstes in Deutschland in diesem Kapitel präsentiert werden.

3.1 Stand des Breitbandsektors 2011/12

Der Telekommunikationssektor ist wie fast alle Netzsektoren ein stark regulierter Sektor, in welchem die Bundesnetzagentur als Aufsichtsbehörde tätig ist. Zu ihren Aufgaben zählt es, Berichte über die wettbewerbliche und ökonomische Entwicklung der regulierten Sektoren in Form von Jahres- bzw. Tätigkeitsberichten wiederzugeben.[70]

Die Bundesnetzagentur verzeichnet in ihrem Jahresbericht 2011 sowie Tätigkeitsbericht im Bereich Telekommunikation 2010/11 alle relevanten Entwicklungen innerhalb des Telekommunikationssektors. Die gesamten Außenumsatzerlöse des TK-Sektor beliefen sich im Jahr 2011 auf 58,4 Mrd. €. Davon entfielen 24,32 Mrd. € auf das Angebot von datenbasierenden Dienstleistungen im Telekommunikationsnetz und 3,95 Mrd. € auf Dienstleistungen der Kabelnetzbetreiber. Im Mobilfunksektor stieg der Umsatz von 25,84 Mrd. € im Jahr 2010 auf 26,36 Mrd. € in 2011.Grund für diesen Anstieg ist der zunehmende Verkauf

---

[70] Vgl. TKG, § 121, § 122.

von Smartphones und Tablet-PCs. Insgesamt verzeichnet der gesamte TK-Sektor einen Umsatzrückgang, was auf steigenden Wettbewerbsdruck und sinkende Terminierungsentgelte zurückzuführen ist.[71]

Im Gegensatz zu den sinkenden Umsatzzahlen stiegen die Investitionen von 5,9 Mrd. € auf 6,0 Mrd. € an. Davon entfielen 3,2 Mrd. € auf die Festnetze, 0,7 Mrd. € auf das Kabelnetz und 2,1 Mrd. € auf die Mobilfunknetze. Dies entspricht 10,1 % des gesamten Jahresumsatzes 2011, wobei die Kabelnetzinvestoren mit 17,7 % besonders herausstechen.[72]

Ebenso ist der Anteil der 1,1 Mio. hinzugekommenen Breitbandanschlüsse mit 0,7 Mio. im Kabelnetzbereich nicht unerheblich. Mittlerweile besitzen 27,3 Mio. Haushalte einen Breitbandanschluss, wobei das fast ausgebaute DSL-Netz[73] mit 23,4 Mio. Anschlüssen und 86 % Anteil die dominierende Übertragungstechnologie ist. Das Kabelnetz bedient 2011 3,6 Mio. Anschlüsse, was 13 % des Anschlussmarktes entspricht. Laut Bundesnetzagentur sind die Kabelnetzbetreiber Ende 2012 in der Lage, insgesamt 24 Mio. Haushalte mit 100 MBit/s über das Kabelnetz zu versorgen, wodurch sie einen reale Alternative zu den etablierten DSL in den verfügbaren Bereichen darstellen. Die restlichen 1 % der Anschlüsse entfallen auf die satellitengestützte oder strombasierende Datenübertragung. Insgesamt sind 67,9 %[74] der deutschen Haushalte mit einem Breitbandanschluss versorgt.[75] Nicht zu verwechseln ist diese Zahl mit den 37,98 Mio. Nutzern für Sprachtelefonie.[76] Im Vergleich zu den Vorjahren sinkt die Zahl der Neuanschlüsse, was vermuten lässt, dass ein Sättigungsprozess im Breitband-Anschlussmarkt eintritt. Zudem erschweren die wettbewerblichen Preise die Erschließung neuer Flächen. Gerade die Nachfrage nach DSL ist aufgrund ihrer eingeschränkten Leistungsfähigkeit stark zurückgegangen, da immer mehr hochbitratige Breitbandanschlüsse nachgefragt werden.[77] Schmalbandanschlüsse wie ISDN verlieren immer mehr an Bedeutung in diesem Sektor.[78]

---

[71] Vgl. Bundesnetzagentur (2011), S. 25 f.; Bundesnetzagentur (2012), S. 66 ff.
[72] Vgl. Bundesnetzagentur (2011), S. 27; Bundesnetzagentur (2012), S. 68 f.
[73] Vgl. Bundesnetzagentur (2011), S. 25.
[74] Der Anteil ergibt sich aus dem Stand von 2009 mit 40,1 Mio. Haushalten (vgl. Statistisches Bundesamt (2011), S. 32).
[75] Vgl. Bundesnetzagentur (2012), S. 90.
[76] Vgl. ebenda, S. 71.
[77] Vgl. Bundesnetzagentur (2011), S. 87.
[78] Vgl. Bundesnetzagentur (2011), S. 36 f, Bundesnetzagentur (2012), S. 68 f., S. 79.

Verfügbare Bandbreite		Genutzte Bandbreite	
Downloadgeschwindigkeit	Verfügbarkeit	Downloadgeschwindigkeit	Anteile
≥ 1 MBit/s	98,7 %	144 kBit/s < 2 MBit/s	12,5 %
≥ 2 MBit/s	94,3 %	2 MBit/s	12,3 %
≥ 6 MBit/s	84,5 %	2 MBit/s < 10 MBit/s	41,7 %
≥ 16 MBit/s	68,5 %	10 MBit/s < 30 MBit/s	27,2 %
≥ 50 MBit/s	40,6 %	30 MBit/s < 100 MBit/s	6,0 %
		> 100 MBit/s	0,3 %

Wie anhand Tabelle 1 ersichtlich, nutzen zwei Drittel der 27,3 Mio. angeschlossenen Nutzer, die die Möglichkeit haben, einen Internetanschluss mit einer Bandbreite von 16 MBit/s in Anspruch nehmen zu können, tatsächlich einen Anschluss mit Bandbreiten unterhalb von 10 MBit/s. Nur ein Drittel der Nutzer nutzt tatsächlich Bandbreiten oberhalb von 10 MBit/s. Laut Bundesnetzagentur ist im Rahmen einer Studie das Verhältnis in allen europäischen Nationen herauszuarbeiten.[80] Dabei ist anzumerken, dass die Verfügbarkeit sich auf alle Haushalte bezieht, wohingegen die tatsächlichen Nutzeranteile nur auf alle angeschlossenen Nutzer abstellen.

Zudem veranschaulicht Tabelle 1, dass Breitband mit 1 MBit/s fast überall in Deutschland verfügbar ist. Bei genauerer Betrachtung der Abdeckung fällt jedoch auf, dass gerade ländliche Regionen[81] verhältnismäßig schlechter erschlossen sind als Regionen mit Teilnehmerdichten über 100 Nutzern pro km. Effektiv sind 700.000 Haushalte noch nicht mit einem Breitbandanschluss versorgt.[82] Es ist jedoch zu erwarten, dass durch den Ausbau von LTE im Frequenzspektrum 800 MHz die Zahl der unterversorgten Haushalte in ländlichen Regionen reduzieren wird, da die Auflagen noch nicht für alle Bundesländer erfüllt sind.[83] Insgesamt nutzen 72 %[84] bis 80 % der Deutschen das Internet, von den restlichen Nichtnutzern streben 3,3 % an, demnächst Internet zu nutzen.[85] Diese Umfrage stützt die Beobachtung dass eine Sättigung im Breitband-Anschlussmarkt eingetreten ist.

---

[79] Eigene Darstellung in Anlehnung an Bundesnetzagentur (2011), S. 93; Breitband-Atlas (2012a), S. 12 ff.
[80] Vgl. Bundesnetzagentur (2011), S. 35 f.; Bundesnetzagentur (2012), S. 75.
[81] Hier sind ländliche Regionen, Regionen mit einer Bevölkerungsdichte unter 100 Teilnehmern pro Quadratkilometer, gemeint (vgl. Deutscher Bundestag (2012), S. 2 f.).
[82] Vgl. Deutscher Bundestag (2012), S. 2.
[83] Vgl. Bundesnetzagentur (2012).
[84] BITKOM (2011), S. 9.

Im Mobilfunkmarkt steigt die Zahl der Neuanschlüsse auf 114,13 Mio. Anschlüsse, was einer Penetration von 140 % der Bevölkerung entspricht. Zurückzuführen ist dieser Trend, wie zuvor beschrieben, auf den gestiegenen Anteil an Tablet-PCs, Surfsticks und Smartphones.[86]

Zudem ist ein Anstieg der Nutzung von Onlinediensten wie IPTV und VoIP[87] zu verzeichnen. Folglich stieg das Datenvolumen im Festnetz um 0,5 Mrd. GB auf 3,7 Mrd. GB und im Mobilfunknetz von 65,41 Mio. GB auf 93 Mio. GB im Jahr 2011 an.[88] Im Mobilfunkbereich erklärt sich der Anstieg um 42 % durch die steigende UMTS-Nutzung von mittlerweile 28,6 Mio. regelmäßigen Nutzern und die steigende Nachfrage von APP-Diensten auf Smartphones, Tablet-PCs und Surfsticks.[89] Der Anteil von LTE ist hier noch zu gering, als dass ihr ein entsprechender Kontingent an der steigenden mobilen Breitbandnutzung zugesprochen werden könnte. Jedoch stellen einige Unternehmen wie Vodafone die Anwendungen ihrer Festnetzkunden auf LTE um, um unabhängiger von den Vorleistungsprodukten der Deutsche Telekom AG zu werden. Ein weiterer Faktor ist die hohe Kostenersparnis, die mit LTE einhergeht. Diese Entwicklung lässt vermuten, dass ein rascher Ausbau des LTE-Netzes zu erwarten ist.[90]

Durch den steigenden Bedarf an Datenvolumen ist es erforderlich, die Kapazitäten der Infrastruktur auf höhere Bandbreiten zu erweitern, um so auch zukünftig die Funktionsfähigkeit der in Anspruch genommenen Internetdienste gewährleisten zu können. Dazu hat die Bundesregierung 2009 ein Strategiepapier zum Breitbandausbau in Deutschland veröffentlicht, in welchen sie folgende Ziele festsetzte: Bis 2010 sollte in Deutschland eine Bandbreite von 1 MBit/s flächendeckend für alle Haushalte zur Verfügung stehen. Zusätzlich soll bis 2014 für 75 % der Teilnehmer eine Bandbreite von 50 MBit/s verfügbar sein und anschließend flächendeckend ausgebaut werden.[91]

---

[85] Initiative D21 (2012b), S. 12.
[86] Vgl. Bundesnetzagentur (2011), S. 50 f.; Bundesnetzagentur (2012), S. 84.
[87] VoIP ist ein paketbasierender Sprachvermittlungsdienst, der von vielen alternativen TK-Anbietern verstärkt angeboten wird (vgl. Bundesnetzagentur (2012), S. 82).
[88] Vgl. Bundesnetzagentur (2011), S. 41 f.; Bundesnetzagentur (2012), S. 79 ff.
[89] Vgl. Bundesnetzagentur (2011), S. 56 f.; Bundesnetzagentur (2012), S. 86 ff.
[90] Vgl. Bundesnetzagentur (2012), S. 87.
[91] Vgl. BMWi (2009), S. 8.

Zusammenfassend ist der TK-Sektor mit sinkenden Umsatzerlösen, steigendem Wettbewerb und wachsendem Bedarf an Bandbreite konfrontiert. Zudem entwickelt sich besonders der Bedarf an mobilem Breitband heraus. Entgegen dem steigenden Bedarf an Datenvolumen ist die geringe Nachfrage nach Breitbandanschlüssen oberhalb von 10 MBit/s noch äußerst prägnant, was auch für einen flächendeckenden Ausbau von nicht unerheblicher Relevanz ist.

Im anschließenden Kapitel sollen die Vor- und Nachteile der in Abschnitt 2.1 vorgestellten Architekturen und Übertragungstechnologien verglichen und deren Relevanz für einen flächendeckenden Ausbau mit einhergehender Universaldienstverpflichtung aufgezeigt werden.

3.2 Auswirkungen der unterschiedlichen Breitbandtechnologien

Wie bereits in Kapitel 2.1 aufgezeigt, existieren mittlerweile mehrere Möglichkeiten, Bandbreite zu übertragen. Die heterogenen Übertragungstechnologien weisen unterschiedliche Infrastrukturen und Eigenschaften auf, die nicht nur die Investitionen und laufenden Kosten der Infrastruktur beeinflussen, sondern wegen ihrer Topologie und physischen Besonderheiten weitere Faktoren mit sich bringen, die in einer Kostenbetrachtung nicht erfasst werden können und durchaus einen höheren Nutzen stiften könnten. So können auch Entwicklung und Zukunftsfähigkeit bestimmter Technologien dargestellt und ihre Eignung für einen flächendeckenden Ausbau bzw. eine Universaldienstverpflichtung dargestellt werden.

3.2.1 FTTC

FTTC ist, wie bereits in Abschnitt 2.1.3 beschrieben, eine Hybridvariante aus Glasfaser und Kupferdoppelader.

Dabei wird im Feeder-Segment jeweils eine Faser für den Hin- und Rückweg pro Kabelverzweiger genutzt. Im Kabelverzweiger wird das optische Signal in ein elektronisches-Signal umgewandelt und über die herkömmliche Kupferleitung weitergeleitet. Ein besonderes Merkmal von FTTC ist, dass eine permanente Übertragung des gesamten Frequenzspektrums auf allen Leitungen im betroffenen Netz stattfindet, da diese benötigt werden, um die erforderliche Bandbreite zu erzeugen.

In dieser Architektur wird VDSL(2) eingesetzt, welche die modernste und leistungsfähigste DSL-Generation mit bis zu 100 MBit/s im Up- und Downloadbereich ist. Jedoch ist diese Leistungsfähigkeit aufgrund der Dämpfungseigenschaften der Kupferdoppelader auf kurze Distanzen begrenzt. Bereits bei einer Distanz von 1,5 km zwischen Kabelverzweiger und Nutzer sinkt die Bandbreite auf 16 MBit/s, die auch mit den konventionellen Telefonleitungen und ADSL zu erreichen ist.[92] Aus der Sicht des NGA-Forums ist es sinnvoll, als Zwischenschritt die alten Telefonleitungen so lange beizubehalten, bis mit FTTC die Breitbandnachfrage gedeckt werden kann.[93] Dieser Zwischenschritt ist jedoch nur als solcher zu verstehen, da FTTC durch die Schwachstelle Kupferleitung den steigenden Anforderungen an Breitband nur durch kürzere Kupferleitungen gerecht werden kann. Dadurch wird die Anzahl der Zweigstellen erhöht, was wiederum einen Anstieg an Investitionen und laufenden Fixkosten zur Folge hat. Wie der Tätigkeitsbericht der Bundesnetzagentur Telekommunikation für das Jahr 2010/2011 zeigt, wird VDSL wenig nachgefragt.[94]

Eine Verfügbarkeit von VDSL ist vor allem im Ortszentrum und dicht urbanen Gebieten vorzufinden.[95] Bandbreiten oberhalb der 100 MBit/s erfordern eine sehr kurze Kupfertrasse, die eine erneute Restrukturierung der vorhandenen Architektur zur Folge hätte, was wiederum hohe Kosten verursacht. Daher ist die Zukunftsfähigkeit der FTTC-

---

[92] Vgl. NGA Forum (2011a), S. 43; Wichert-Nick et al. (2011), S. 19.
[93] NGA-Forum (2011a), S. 43.
[94] Vgl. Bundesnetzagentur (2011), S. 72.
[95] Vgl. DTAG (2012).

Architekturen eher fragwürdig, da die Qualität des Anschlusses von der Länge der Kupferleitung zwischen Verteiler und Nutzer abhängig ist.

Durch die geringen Kosten gegenüber FTTH ist FTTC/VDSL dennoch attraktiv, da derzeit
alle online verwendeten Dienste mehr als ausreichend über die Bandbreite, die durch
VDSL bereitgestellt wird, bedient werden können. Analysys Mason (2008a) zeigt zudem,
dass eine spätere Migration von FTTC zu FTTH möglich sei, da ungefähr 50 % der ur-
sprünglichen FTTC-Ressourcen bei FTTH weitergenutzt werden können. Problematisch
wird dies, wenn mehrere Unternehmen in eine gemeinsame Infrastruktur investiert haben,
da gegebenenfalls die Frage nach entsprechenden Entschädigungszahlungen im Raum stehen könnte.[96] Somit ist VDSL als mittelfristige Übertragungstechnologie anzusehen, da der
Bedarf an Bandbreite durch neue Dienstleistungen ansteigen wird.[97]

3.2.2 HFC

Das Kabelnetz nimmt im Infrastrukturwettbewerb eine besondere Rolle ein. Durch die
Konvergenz der Übertragungsmedien und -techniken ist es mittlerweile möglich, neben
dem regulären Fernsehprogramm auch Daten über das Kabelnetz zu übertragen.[98]
Derzeit besitzen die Kabelnetzbetreiber einen Marktanteil von 13 %. Dies ist, verglichen
mit den Telekommunikationsanbietern, ein noch geringer Anteil. Doch haben sich 61 %
aller Neuanschlüsse 2011 für einen Breitbandzugang über Kabel entschieden. 2009 waren
es nur 40 % aller Neukundenanschlüsse.[99] Kabelnetzbetreiber besitzen ein hohes Potenzial,
sich mittel- und langfristig als Wettbewerber am Breitbandmarkt zu etablieren.[100] Sie bieten Bandbreiten bis 100 MBit/s zu monatlichen Gebühren zwischen 25 € und 30 € zuzüg-
lich des Kabelanschlussentgeltes an. Telekommunikationsanbieter bieten zu diesem Tarif
eine Bandbreite von 16 Bit/s an. Diese Bandbreite kann jedoch nicht allen Kunden gleichzeitig zur Verfügung gestellt werden. Dabei kommt den Kabelanbietern zugute, dass die
Nachfrage nach hohen Bandbreiten sehr zögerlich verläuft.[101] Potenziell können, wie bereits in Kapitel 3.1 erwähnt, Ende 2012 60 % aller deutschen Haushalte mit einem Breitbandanschluss über Kabel versorgt werden. Dadurch leisten die Kabelanbieter zum Aus-

---

[96] Vgl. Analysys Mason (2008a), S. 1, S. 82 f.
[97] Vgl. Büllingen et al. (2012), S. 2 ff.
[98] Vgl. Krämer (2007), S. 8 f., S. 13 ff.
[99] Vgl. Wichert-Nick, Dörfler (2010), S. 3, S. 8.
[100] Vgl. Büllingen et al. (2012), S. 1 f.
[101] Vgl. ebenda.

bauziel der Bundesregierung, dass 2014 75 % aller Haushalte Zugang zu einem Breitband-anschluss von 50 MBit/s oder mehr haben sollen[102], einen hohen Beitrag.[103]

Breitbandkabel ist ein sogenanntes *shared medium*[104]. Wie bei FTTH/PON, ergibt sich die durchschnittliche Bandbreite pro Nutzer aus der Anzahl der Nutzer, die an einen Verteiler angeschlossen sind.[105] Übersteigt der Anteil der hochbitratigen Nutzer in einem Verteiler-netzwerk den Wert von 20 %, wird dieser Bereich strukturiert. Dies bedeutet, dass die Ka-belbetreiber in der Lage sind, das Verteilernetzwerk in kleinere Netzwerke aufzuspalten. Ebenso ist es ihnen möglich, das Netzwerk etappenweise durch Glasfaserleitungen zu er-setzen, wodurch das Kabelnetz schrittweise in eine FTTH- bzw. FTTB[106]-Architektur transformiert werden kann.[107] Dieser Prozess ist nachfragegetrieben. So können bei Bedarf die entsprechenden Cluster reorganisiert und die nötigen Investitionen für die Reorganisa-tion bzw. den Glasfaserausbau bis hin zum Gebäude aus dem laufenden Cashflow der Ka-belanbieter finanziert werden. Dies minimiert gleichzeitig das Risikoprofil der Kabelanbie-ter.[108] Die nächste Stufe des HFC ist das sogenannte Deep-Fibre. In dieser Anordnung werden in einem Verteilersystem maximal 100 Haushalte versorgt. Gleichzeitig wird die Glasfaserleitung zum Gebäude hin näher angelegt. Ein Umwandlungsmodul, die so ge-nannte *Fibre Node*, konvertiert die optischen in elektrische Signale und leitet diese an den Gebäudeanschluss und über das Gebäudenetzwerk zu den Nutzeranschlüssen weiter. Die letzte Ausbaustufe ist die sogenannte Radio Frequency over Glas (RFoG) in einer FTTB-Architektur. Diese Ausbaustufe wird in der Regel bei vorher nicht erschlossenen Gebieten verwendet.[109] In allen Stufen kann weiterhin dasselbe Protokoll DOCSIS 3.0 weiterver-wendet werden. So bleiben bei einer Strukturierung die zentralen Systemelemente erhalten, während parallel und punktuell die Infrastrukturaufrüstung Nachfrage orientiert erfolgen kann. Voraussetzung für diese effiziente, punktuelle und kontinuierliche Aufrüstung ist eine permanente Kontrolle der Nachfrage nach Breitband in den einzelnen Verteilersyste-men, um frühzeitig Engpassprobleme zu vermeiden.[110]

---

[102] Vgl. BMWi (2009).
[103] Vgl. Wichert-Nick, Dörfler (2010), S. 19 f.; Büllingen et al. (2012), S. 8.
[104] Vgl. Wichert-Nick, Dörfler (2010), S. 13, Büllingen et al. (2012), S. 28.
[105] Vgl. Hoerning et al. (2010), S. 151 f.
[106] Fiber to the Basement bedeutet, dass der Glasfaseranschluss nur bis zum Gebäude verlegt wird und ab dort die bereits existierenden Leitungen zu den Endgeräten genutzt werden (vgl. NGA-Forum (2011a), S. 65).
[107] Vgl. Wichert-Nick, Dörfle (2010), S. 21; ANGA (2011a), S. 9; Wichert-Nick et al. (2011),S. 13, S. 18.
[108] Vgl. Büllingen et al. (2012), S. 8.
[109] Vgl. Wichert-Nick, Dörfler (2010), S. 20 f.; Büllingen et al. (2012), S. 29 f.
[110] Vgl. Büllingen et al. (2012), S. 9, S. 30.

Da die Kabelnetzbetreiber ihre eigenen Netze nutzen und ausbauen, sind sie in der Regel nicht von Vorleistungen dritter Anbieter abhängig. Ebenso gibt es kein Indiz dafür, dass Kabelbetreiber anderen Unternehmen über Entbündelung oder Bitstrom Zugang zu ihrer Infrastruktur gewähren.[111]

Auch liegt die Upstreamkapazität nur bei 10 % der Downloadkapazität, was bei der Nutzung von Clouddiensten und Videotelefonie durchaus problematisch sein kann. Dieses Problem kann zukünftig durch frei werdendes Frequenzspektrum, wie durch Wegfall analoger Fernsehprogramme bzw. Optimierung digitaler Fernsehübertragung (DVB-C2), begegnet werden. Durch dieses Spektrum ist es auch möglich, zukünftig mehr Bandbreite anbieten zu können. Durch den Wegfall von analogen Fernsehsendern würden pro analoges Programm 50 Mbit/s mehr an Bandbreite zur Verfügung stehen. Ebenso wäre eine Aufrüstung auf DVB-C2 zwar mit dem Auswechseln von neuen Set-Top-Boxen verbunden, jedoch würde dieser Wechsel 60 % mehr Kapazitäten schaffen. Eine weitere Verbesserungsmöglichkeit liegt darin, die parallele Übertragung aller Fernsehprogramme durch IPTV zu ersetzen. Dadurch würde nur noch das gewählte Programm übertragen und mehr Kapazitäten freigesetzt. Dadurch würde sich der IP-Verkehr um ein Vielfaches erhöhen und Investitionen in die IP-Infrastruktur erfordern.[112]

Im Gegensatz zu den Telekommunikationsanbietern sind die Kabelnetzbetreiber bereits jetzt in der Lage, Haushalte mit 100 MBit/s zu wettbewerbsfähigen Preisen zu versorgen. Ebenso verfügen sie über ein nachfragegesteuertes und Cashflow orientiertes Ausbausystem mit geringem Risiko. Sie besitzen zudem weiteres Potenzial, um der zukünftig steigende Nachfrage nach Breitband gerecht zu werden. Ebenso können Sicherheitsbedenken ausgeschlossen werden, da die Anfälligkeit für Viren und Hackerangriffe auf der IP-Ebene manifestiert ist. So ist das Kabel ein guter Katalysator für einen steigenden Infrastrukturwettbewerb der NGA-Netze.[113] Jedoch bleibt die Frage offen, ob eine Entbündelung über Kabelinternet möglich wäre und welche Effekte auf die Wohlfahrt hieraus entstehen könnten.

---

[111] Vgl. Wichert-Nick, Dörfle. (2010), S. 21.
[112] Vgl. Büllingen et al. (2012), S. 30 f.
[113] Vgl. Büllingen et al. (2012), S. 40, S. 52.

3.2.3 FTTH

Bei FTTH verläuft der Datentransfer zwischen Hauptverteiler und Nutzeranschluss vollständig über Glasfaserleitungen und ist somit die derzeit fortschrittlichste Übertragungstechnologie. In Deutschland sind es in der Regel kleine Carrier wie M-Net, NetCologne oder wilhelm.tel, die den Glasfaserausbau vorantreiben. Der einzige deutschlandweit agierende Service Provider[114] mit Glasfaserarchitektur ist O2 Teléfonica. Das Glasfaserangebot der DTAG soll Mitte 2012 starten.[115]

Bei einem durchgängigen Datentransport über Glasfaser gibt es zwei Grundarten der Infrastrukturanordnung. Die erste ist die Punkt-zu-Punkt-Übertragung (P2P). Wie bereits in Abschnitt 2.1.2 beschrieben, wird in dieser Variante für jeden Nutzer eine individuelle physische Glasfaserleitung reserviert. Sie besitzt von allen leitungsgebundenen Technologien die größte Reichweite und kann alle angeschlossenen Kunden je nach Wunsch mit einer Bandbreite zwischen 100 MBit/s und 10 GBit/s, die durch ein Einspeisungssignal zugeordnet werden, versorgen. Neukunden können, sofern sie einen Leitung besitzen, einfach an das optische Verteilersystem angeschlossen werden. Die optischen Verteilersysteme können in einer P2P-Topologie mehr als 35.000 Kunden gleichzeitig bedienen.[116] P2P nutzt Ethernet, ein Standardsystem im Internet, wodurch keine oder nur geringe Probleme zu erwarten sind, da es bereits eine produzierende Industrie gibt und erprobte Systeme vorhanden sind.[117]

Unter Wettbewerbsbedingungen ist die P2P-Topologie sehr zugangsfreundlich. Wettbewerber können ihre optischen Verteiler im Hauptverteiler installieren. Sie stellen ihr System an einem angemieteten Platz auf und verbinden diese mit dem übergeordneten System und der Leitung ihres Kunden. Von der Kostenstruktur muss der Wettbewerber, abgesehen vom Zugangsnetz sowie der Hausverkabelung, die gleichen Kosten aufwenden. Für die Nutzung des Zugangsnetzes und der Verkabelung bezahlt der Wettbewerber eine Miete an den Monopolisten.[118]

---

[114] Service Provider sind Unternehmen, die Basiskommunikationsdienstleistungen jeglicher Art anbieten (vgl. Krämer (2007), S 20).
[115] Vgl. Büllingen et al. (2012), S.16.
[116] Vgl. Hoerning et al. (2010), S. 36.
[117] Vgl. ebenda, S. 37.
[118] Vgl. Hoerning et al. (2010), S. 37.

Neben P2P Übertragung existiert auch eine Punkt-zu-Multipunkt-Übertragung oder auch Passive Optical Network (PON) genannt. In einer PON-Topologie wird, wie bereits in Abschnitt 2.1.2 beschrieben, die Leitung vom Hauptverteiler durch passive Splitter auf mehrere Nutzerleitungen verteilt. Diese Aufteilung kann entweder durch einen oder stufenweise durch mehrere Splitter erfolgen. Jedoch schränkt jeder weitere passive Splitter die Signalwirkung des sendenden Moduls ein. Durch diesen Prozess können bis zu 32 Teilnehmer angeschlossen werden. Vorteilhaft gegenüber P2P ist hier jedoch, dass durch die geringe Anzahl der Leitungen im Feeder-Segment eine deutlich höhere Übersichtlichkeit existiert.

Die gesamte Übertragungskapazität von 2,5 GBit/s im Download- und 1,25 GBit/s im Uploadbereich teilt sich für jeden Kunden auf eine Datenübertragungsrate von 80 MBit/s bzw. 40 MBit/s auf. Im Vergleich zu Punkt zu Punkt entspricht dies einer deutlich geringeren Datenübertragungskapazität, die zudem nicht skalierbar ist. Eine Skalierbarkeit kann zwar durch ein Zuordnungsverfahren der Wellenspektren erreicht werden, die maximale Kapazität liegt jedoch unter 1 GBit/s. Diese Zuordnung gilt aber nur, sofern andere Nutzer, die am gleichen Splitter angeschlossen sind, nicht beeinträchtigt würden. Ist die Verkehrsnachfrage der Nutzer an einem Splitter höher als die verfügbare Gesamtkapazität, kann die Zahl der Nutzer pro Splitter reduziert werden. Dies setzt jedoch voraus, dass Reserven bei der Errichtung des Netzes gebildet worden sind. Diese Reserven führen ebenso zu höheren Investition und laufenden Kosten, die nur auf die vorhandenen Nutzer umgelegt werden können. Daher spielt es unabdingbar, künftige Entwicklungen in Bezug auf Haushaltsdichten und Bevölkerungswanderung sowie den zukünftigen Breitbandbedarf mit in die Planung und Errichtung einer PON Topologie einzubeziehen.[119]

GPON ist zwar nach ITU-T G984 standardisiert, jedoch hat sich dieser Standard bis jetzt noch nicht etabliert. Daher ist es erforderlich, die notwendigen Module und Systeme von einem Hersteller zu beschaffen, um Störungen und Kommunikationsprobleme zwischen den Geräten zu vermeiden. Der Bedarf an Reservekapazitäten wird dadurch verstärkt, dass auch eine zukünftig steigende Besiedlungsdichte mit einkalkuliert werden muss, um alle Neukunden bedienen zu können. Bei PON ist die Downstreamübertragung für jeden Nutzer codiert, jedoch ist der Upstreamverkehr nicht codiert. Dadurch kann es zu Überlagerungen der Signale kommen, was zum einen zu einer Störung des Systems und zum ande-

---

[119] Vgl. ebenda, S. 38 f.

ren zu einer Blockade aller mit dem System verbundenen Nutzer führt. Die Fehlersuche und Instandsetzung des PON-Systems sind sehr zeitaufwändig. P2P hingegen besitzt eine geringe Fehleranfälligkeit und benötigt nur wenig Zeit bei der Instandsetzung.[120]

Die Übertragung von TV Signalen ist bei PON durch die Zuteilung eines Frequenzspektrums möglich. Bei TV Dienstleistungen kann bei P2P nicht auf eine herkömmliche Signalübertragung in der gleichen Leitung zurückgegriffen werden, sondern es muss entweder das Fernsehsignal über eine separate Glasfaserleitung zum Kunden gesendet oder das Fernsehangebot als IPTV[121] bereitgestellt werden.

Wettbewerber können im PON einen Bitstrom-Zugang[122] anmieten. Das bedeutet, dass der Wettbewerber die passive und aktive Infrastruktur des Incumbent im Zugangsnetz nutzt und eine entsprechende Nutzungsgebühr dafür bezahlt. Er mietet ein bestimmtes Frequenzspektrum an, über welches er seine Kunden versorgen kann. Aufgrund der hohen Dichtevorteile des Incumbent können Wettbewerber ggfls. von niedrigeren Nutzungsgebühren profitieren. Gleichzeitig kann dies aber auch zu einer Wettbewerbsverzerrung führen, da die Kostenstruktur des Incumbent nicht transparent ist.

Vergleicht man die Topologien miteinander, stellt sich die P2P als zukunftssicherer heraus. Sie besitzt ein höheres Angebot an Bandbreite, ist einfacher zu warten und instand zu setzen und Neukunden können durch Anschluss dem bestehenden Netz hinzugefügt werden. Zudem bieten sie symmetrische Bandbreite, was bedeutet, sie können die gleiche Kapazität im Up- und Downloadbereich zur Verfügung stellen, was für Dienste wie Videotelefonie und Cloud Computing durchaus relevant ist. Ebenso existiert bereits eine breite Industrie, von welcher der Rettungsmodule bezogen werden können, ohne große Kompatibilitätsprobleme erwarten zu müssen. Des Weiteren ist durch eine isolierte Leitung die Anfälligkeit der IP-Infrastruktur bezüglich Hackerangriffen oder Ähnlichem geringer als in einem Splittersystem, was jedoch grundsätzlich ein Problem auf Anwendungsebene ist. Wettbewerber besitzen fast identische Kostenstrukturen, wodurch die Wahrscheinlichkeit von Wettbewerbsverzerrungen äußerst gering ist. Nachteilig ist jedoch, dass P2P bis zu 90 Mal

---

[120] Vgl. Hoerning et al. (2010), S. 35.
[121] IPTV ist eine Dienstleistung, die nicht wie üblich alle Programmsignale parallel empfängt, sondern immer nur das entsprechend ausgewählte Programmsignal abruft (vgl. Bülling et al. (2012), S. 31 f.).
[122] Bitstrom ist eine Dienstleistung für Breitbandanbieter, die die komplette Infrastruktur der Infrastrukturbetreiber mitnutzen und dafür eine entsprechende Gebühr entrichten (vgl. Hoerning et al. (2010), S. 31 ff.).

höhere Energiekosten beim Betrieb der aktiven Infrastruktur sowie mehr Leerrohre und Glasfaserleitungen benötigt.[123] Dies spiegelt sich auch in höheren Investition und laufenden Fixkosten wider.[124] Diese Faktoren fallen jedoch nur bedingt ins Gewicht, da die potentielle Kapazität und der damit verbundene Nutzen, die breite industrielle Basis sowie die geringe Störungsanfälligkeit von P2P gegenüber einer PON Topologie bevorzugt ausgebaut werden. Sowohl P2P als auch PON bietet Vorzüge, aber auch Nachteile, wobei P2P eine zu hohe Zukunftssicherheit durch hohe Breitbandreserve und einen echten entbündelten Zugang für Wettbewerber besitzt.[125]

3.2.4 LTE

Long Term Evolution ist, wie bereits in Abschnitt 2.1.4 beschrieben, die modernste mobile Datenübertragungstechnologie. Sie verfügt in Europa und Asien über eine breite industrielle Basis, was den Zugang deutlich erleichtert. Des Weiteren besitzt LTE eine höhere spektrale Effizienz als UMTS, wodurch bei gleicher Frequenzkapazität eine höhere Bandbreite übertragen werden kann.[126] Zudem ist der Betrieb von LTE Netzen deutlich günstiger als ein vergleichbares UMTS Netz.[127] In Deutschland sind insgesamt 360 MHz aus den Frequenzbereichen 800 MHz, 1,8 GHz, 2 GHz und 2,6 GHz für LTE im Mai 2010 versteigert worden.[128] Ein besonderes Augenmerk ist hier auf das Frequenzspektrum 790 MHz - 862 MHz zu richten. Bei der Vergabe dieser Frequenzen wurden die Betreiber verpflichtet, Gemeinden und Städte, die zu dem Zeitpunkt noch nicht mit einem Breitband-Internetanschluss versorgt worden sind, zu erschließen. Hierzu hat die Bundesnetzagentur alle betroffenen Städte und Gemeinden aufgelistet und mit Prioritätsstufen für die Reihenfolge des Ausbaus versehen. Ziel dieser Verpflichtung sollte es sei, dass die Unternehmen bis 2016 in der Lage sein sollen, 90 % aller aufgelisteten Städte und Gemeinden mit einem Breitbandanschluss im 800 MHz-Frequenzspektrum zu versorgen.[129] Diese Städte und Gemeinden liegen in den schwach besiedelten Regionen, die für eine leitungsgebundene Breitbanderschließung bis jetzt nicht attraktiv waren und daher nur über einen Schmal-

---

[123] Vgl. Hoerning et al. (2010), S. 17.
[124] Vgl. Hoerning et al. (2010), S. 17, S. 49 f.
[125] Vgl. Jay, Neumann, Plückebaum (2011), S 60 f.
[126] Vgl. Fettweis (2011), S. 9 ff.
[127] Vgl. Analysys Mason (2011), S. 22 f.; Elektronik-Kompendium (2012a).
[128] Vgl. Bundesnetzagentur (2010).
[129] Vgl. Bundesnetzagentur (2009), S. 5; Hackbarth, Ilic, Neu (2011). S. 43 ff.

bandanschluss[130] verfügten. Somit sollten mit LTE die Breitbandstrategie-Ziele der Bundesregierung für eine flächendeckende Breitbandversorgung gesichert werden.[131]

Der Grund für diese Verpflichtung besteht darin, dass gerade Frequenzen unter 1 GHz in der Lage sind, große Flächen abzudecken und biotypische Merkmale durch Ausrichtung der Antennen auszugleichen. Im Bereich von 800 MHz können die Funkzellen einen Radius von 10 km erreichen. Funkzellen mit höheren Frequenzen decken eine deutlich geringere Fläche ab. So wäre im Frequenzbereich von 2000 MHz für die gleiche Flächenabdeckung die dreifache, für Frequenzen im Bereich von 2600 MHz die vier- bis zehnfache Menge an Basisstationen notwendig.[132] Höhere Frequenzen benötigen somit ein dichtes Netz von Basisstation, die mit höheren CAPEX und OPEX verbunden sind. Gerade in ländlichen Regionen kann mit einer 800 MHz-Basisstation mehr Fläche und damit mehrere kleine Siedlungen und Dörfer abgedeckt werden, ohne hohe Kosten zu verursachen. Dies wäre mit höheren Frequenzen nicht möglich.

Eine andere Besonderheit der Frequenzen im UHF-Bereich[133] sind die Brechungseigenschaften langwelliger Frequenzen. Dies bedeutet, dass in gebirgigen Regionen durch entsprechende Ausrichtung der Antennen die Frequenzwellen an den Gebirgswänden reflektiert werden und somit auch eine indirekte Verbindung zwischen Basisstation und Nutzer möglich ist.[134] Fettweis zeigt in seiner Studie, dass in bergigen Regionen niedrige Frequenzen zu einer geringeren Unterversorgung führen. Unterversorgung bedeutet, dass ein gewisser Anteil in Prozent von der zuständigen Basisstation nicht mit der entsprechenden Verbindungsqualität erreicht werden kann. Der Anteil unterversorgten Nutzer ist im Gegensatz zu 2 GHz mit 18 % bei 800 MHz 8 % niedriger. Im interferenzfreien Fall[135] sind sogar nur 8 % unterversorgt. Zwar wird damit eine hohe Abdeckung erreicht, jedoch kann eine vollständige flächendeckende Breitbandversorgung ländlicher Regionen aufgrund starker geländebedingter Signaldämpfung nicht gewährleistet werden.[136] In flachen Regionen besteht aufgrund der großen Reichweite eine hohe Interferenzgefahr zwischen den

---

[130] Schmalbandanschlüsse sind Anschlüsse, die unterhalb einer Datenübertragung von 1 MBit//s liegen (vgl. BMWi (2009), S. 4 ff,).
[131] Vgl. BMWi (2009), S. 2 ff,; Bundesnetzagentur (2009), S. 5 ff.
[132] Vgl. Fettweis (2011), S. 41; NGA-Forum (2011a), S. 62.
[133] UHF bedeutet Ultra Hoch Frequenz und umfasst das Frequenzspektrum zwischen 470 MHz bis 790 MHz und 814 MHz bis 862 MHz (vgl. Fettweis (2011), S. 23).
[134] Vgl. Fettweis (2011), S.61 ff.
[135] Der interferenzfreie Fall existiert, wenn Basisstationen mit überlagernden Frequenzen durch technische Optimierung, wie bei LTE, sich nicht mehr beeinträchtigen (vgl. Fettweis (2011), S. 54 ff., S. 61).
[136] Vgl. Fettweis (2011), S. 61 ff.

jeweiligen Basisstationen. Da keine Hindernisse in flachen Regionen vorhanden sind, die das Signal dämpfen könnten, breitet sich das Funksignal der jeweiligen Basisstation maximal aus. Aufgrund der optimierten LTE-Nutzung besteht hierbei jedoch keine Interferenzgefahr. Die flächenmäßige Unterversorgung in flachen Gebieten liegt im interferenzfreien Fall in flachen Regionen bei unter 1 %.[137] Für den ländlichen Einsatz von LTE ist, wie bereits erfolgt, das Frequenzspektrum im 800 MHz Bereich zu empfehlen. Mittlerweile sind die von der Bundesnetzagentur erteilten Versorgungsauflagen in den Ländern Baden-Württemberg, Bayern, Hessen, Niedersachsen, Nordrhein-Westfalen, Rheinland-Pfalz, Saarland, Sachsen und Schleswig-Holstein erfüllt.[138] Seit dem 25.05.2012 sind auch für die Länder Sachsen-Anhalt und Thüringen die Ausbaubedingungen im 800 Megahertz Bereich erfüllt.[139]

In Bezug auf die derzeit real übertragende Bandbreite pro Funkzelle besteht in Deutschland das Problem, dass kleinere Frequenzblöcke von 10 MHz genutzt werden. Dadurch ist die in der Praxis übertragende Bandbreite mit 75 MBit/s deutlich unter den erwarteten 300 MBit/s.[140] Ebenso ist die Latenz einer LTE-Verbindung derzeit bei bis zu 30 ms, angestrebt sind 10 ms. Damit verhält sich LTE wie ein DSL-Anschluss älterer Generation und steht dementsprechend qualitativ hinter den leitungsgebundenen Übertragungstechnologien. Um eine gleichwertige Bandbreite zu schaffen, kann anhand des MIMO-Verfahrens[141] die Bandbreite bis auf ein GBit/s pro Funkzelle erhöht werden. Dabei werden mehrere Antennen verwendet, die jeweils unterschiedliche Frequenzspektren im Up- und Downlink nutzen. Dies setzt jedoch ein deutlich größeres Frequenzspektrum voraus, da jede Antenne mit einem 10 MHz- bzw. 20 MHz-Band ausgestattet werden muss. Ebenso können durch technische Optimierung die Latenz langfristig reduziert werden.[142]

Ebenso ist die Einführung von Overlay-Funkzellen zur Erhöhung der Breitbandkapazität möglich. Dabei werden gleichzeitig das Frequenzspektrum im 800 MHz Bereich sowie im 2 GHz bzw. 2,6 GHz Bereich genutzt. Mit den hohen Frequenzspektren könnten Nutzer im nahen Umkreis der Basisstation versorgt werden. Die Nutzer, die nicht mehr von diesem

---

[137] Vgl. ebenda.
[138] Vgl. Bundesnetzagentur (2012a).
[139] Vgl. Bundesnetzagentur (2012b).
[140] Vgl. Elektronik-Kompendium (2012a)
[141] Vgl. Elektronik-Kompendium (2012c).
[142] Vgl. Elektronik-Kompendium (2012a).

Frequenzspektrum erfasst werden, würden dann mit dem niedrigeren Frequenzspektrum versorgt werden. Somit würde mehr Bandbreite in der gleichen Zelle zur Verfügung stehen.[143]

Für den dicht besiedelten Bereich ist die Frequenz meist irrelevant, da aufgrund der hohen Nutzerdichte die Größe der Funkzelle durch die Anzahl der Nutzer bestimmt wird. In besonders dicht besiedelten Gebieten kann die Größe der Funkzelle nur wenige 100 Meter betragen.[144]

Zusätzlich zu den technischen Optimierungen könnten die Verzögerungszeiten stationärer Nutzer von LTE durch den Einsatz von Quality of Service reduziert werden. Die bevorzugte Datenübertragung stationärer Nutzer ermöglicht es ihnen, qualitätssensitive Dienste wie Online-Spiele, Clouddienste und Videotelefonie zu nutzen. Gerade die Videotelefonie besitzt einen hohen gesellschaftlichen Wert, da vor allem gehörlose Menschen hierdurch die Möglichkeit haben, mit anderen Gehörlosen über große Distanzen in der gleichen Weise kommunizieren zu können, wie es sonst hörende Menschen über das Telefon tun. Die notwendige Bandbreite der im LTE Netz vorhanden Mobile Nutzung beschränkt sich demgegenüber auf die Nutzung nicht-qualitätssensitiver Dienste wie E-Mail, Nachrichten, Suchmaschinen, Chatprogramme, soziale Netzwerke oder Streaming-Dienste wie YouTube.[145] Gerade in Hauptnutzungszeiten würde die Präferenz stationärer Nutzer die Nutzung qualitätssensitiver Dienste ermöglichen, die ohne Präferenz beschränkt oder gar nicht nutzbar wären. Dies würde wiederum einen negativen Effekt auf die Wohlfahrt haben. Das Nutzungsverhalten stationäre Nutzer kann somit durchaus als ökonomisch höherwertig beschrieben werden. Daher würde Quality of Service zur Reduzierung der Latenz und zur Steigerung der Wohlfahrt beitragen. Ebenso ist die Zahlungsbereitschaft stationärer Nutzer für Tarife in Höhe von 39,90 €[146] und mehr höher als die mobiler Nutzer. Deren Zahlungsbereitschaft für Datentarife bzw. sogenannte Datenpakete liegt bei 9,90 € als zusätzliches buchbares Datenpaket oder als Bestandteil eines mobilen Bündelangebots, einem sogenannten Smartphone-Tarif.[147] Derzeit befindet sich LTE noch in der Aufbauphase und die

---

[143] Vgl. Fettweis (2011), S. 51 f.; Elektronik-Kompendium (2012b).
[144] Vgl. ebenda.
[145] Vgl. Initiative D21 (2012a), S. 21.
[146] Vgl. O2 (2012a), Vodafone (2012), Congstar (2012).
[147] Anzumerken ist, dass Datentarife primär über UMTS angeboten werden (vgl. O2 (2012b), Congstar (2012)).

Anbieter versuchen, mit Einstiegsangeboten in Form günstiger Tarife[148] in kurzer Zeit eine hohe Penetrationsrate und somit Kostendeckung bzw. Gewinn zu erzielen.

Anhand dieser diversen Möglichkeiten ist offensichtlich, dass LTE in naher Zukunft ein hohes Potenzial an Bandbreite und Nutzungsqualität sensitiver Dienste liefern kann. Gerade Regionen, die aufgrund schwacher Besiedlungsstruktur für die Erschließung mit leitungsgebundener Breitbandtechnologie nicht attraktiv sind, können durch LTE mit einem ähnlichen Qualitätsniveau versorgt werden. Dabei müssen die Restriktionen der Nutzeranzahl und der Latenz in einer Funkzelle berücksichtigt werden, um eine entsprechende Datenübertragungsqualität realisieren zu können. Die Frage, ob LTE ein Substitut oder ein Komplementärprodukt ist, soll hier nicht geklärt werden. Offensichtlich ist jedoch, dass in dicht besiedelten Regionen mobile Datenübertragung grundsätzlich komplementär eingesetzt wird. Mit abnehmender Besiedlungsdichte sinkt ebenso die Wahrscheinlichkeit eines verfügbaren leitungsgebundenen Breitbandanschlusses, wodurch LTE wohlmöglich als einzige Option für einen Breitbandzugang zur Verfügung steht. Gerade durch den wettbewerblichen Druck und die Kosten der Teilnehmeranschlussleitung bzw. des entbündelten Netzzugangs haben den Netzbetreiber Vodafone dazu veranlasst, ein flächendeckendes LTE-Netz zu errichten, was 2013 fertiggestellt sein soll. Ob der Zeitraum eingehalten wird, hängt von externen Faktoren ab, die nicht beeinflussbar sind. Fest steht, dass gerade der Mobilfunk von den mobilen Teilnehmern genutzt wird, die sich zwischen den einzelnen Funkzellen bewegen. Der in Abschnitt 3.1 rapid angestiegene Bedarf an Datenkapazitäten lässt vermuten, dass dieser auch in Zukunft weiter ansteigen wird, da gerade durch den stärker werdenden Anteil von Smartphone und Tablet-PC Nutzern der Datenhunger wächst. Ebenso ist ein flächendeckender Ausbau von entsprechenden Datennetzen nötig, um den Bedarf der mobilen Nutzer zu decken. Daher sind die Mobilfunkbetreiber gezwungen, flächendeckend ein entsprechend qualitatives Datennetz für sowohl stationäre als auch mobile Nutzer auszubauen, um gegenüber anderen Mobilfunkanbietern wettbewerbsfähig zu bleiben und den Anteil ihrer Kunden beizubehalten bzw. steigern zu können.

Zudem hätte Vodafone mit dem Aufbau eines flächendeckenden LTE-Netzes einen unabhängigen Zugang zu allen Haushalten in Deutschland. Dadurch ist Vodafone nicht mehr gezwungen, auf das Netz der Telekom zugreifen zu müssen. Somit erodiert dieses LTE-Netz zusätzlich zum Kabelnetz die Stellung des Teilnehmeranschlussnetzes der Telekom

---

[148] Vgl. O2 (2012a), Vodafone (2012).

als Essential Facility.[149] Somit ist auch für die nächste Zeit sichergestellt, dass Kunden der Mobilfunkanbieter einen entsprechenden Breitbandzugang von bis zu 5 MBit/s im ländlichen Bereich erhalten können.

Im anschließenden Abschnitt sollen die nicht unerheblichen Faktoren Bevölkerungsverteilung und Migration in Deutschland und deren Auswirkungen auf die regionale Bevölkerungsdichte betrachtet werden.

3.3 Bevölkerungsverteilung und Migration

Voraussetzung für den optimalen Einsatz der jeweiligen Technologien ist die Bestimmung der Regionen und deren Bevölkerungsdichte. Aufgrund der teilweise langfristigen Abschreibungszyklen ist es zudem relevant, ob auch in den Regionen langfristig mit einer konstanten Bevölkerungsdichte zu rechnen ist. Ebenso könnte durch Binnenmigration die Bevölkerungsdichte in bestimmten Teilen Deutschlands ab- und in anderen Teilen zunehmen. Daher sollen in diesem Abschnitt die langfristige Bevölkerungsentwicklung, die Binnenmigration sowie deren mögliche Auswirkungen auf den Technologieeinsatz im Breitbandausbau aufgezeigt werden.

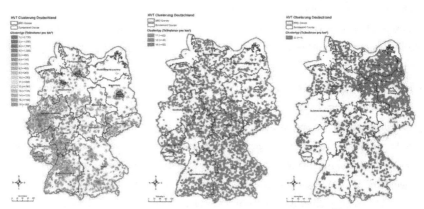

Abbildung 6: Bevölkerungsdichte nach potentiellen FTTH-Teilnehmern [150]

---

[149] Vgl. Bundesnetzagentur (2011), S. 60; teltarif.de (2010).
[150] Quelle: Jay, Neumann, Plückebaum (2011), S. 12 - 14.

Abbildung 6 zeigt Haushalte und Firmen als potentielle leitungsgebundene Breitbandanschlussnehmer pro km², die Jay, Neumann und Plückebau in ihrem Diskussionspapier ermittelt haben. Die Bevölkerungdichten sind in 20 gleichgroße Cluster unterteilt. Jedes Cluster bildet 5 % der Gesamtbevölkerung, die in einer bestimmten Bevölkerungsdichte leben, ab. Die Cluster wurden anhand der Teilnehmerdichte pro Hauptverteiler gebildet. Zusätzlich wurden sie mit ähnlichen Geotypen abgegelichen, um 20 gleichgroße Cluster zu bekommen. Dieses Modell wir im weiteren Verlauf als Referenz zu anderen Modellen genommen.[151]

Jay, Neumann und Plückebaum (2011) haben ermittelt, dass ungefähr 80 % aller deutschen Haushalte auf einem Drittel des Bundesgebiets leben. In diesem Gebiet existiert eine Bevölkerungsdichte von 2750 Teilnehmern pro km² bis hin zu 80 Teilnehmern pro km². Abbildung 6 veranschaulicht auf der linken Clustergrafik die Verteilung des 80 %-Anteils. Weitere 15 % befinden sich wiederum auf einem weiteren Drittel des Bundesgebiets in Teilnehmerdichten von 62 Teilnehmern pro km² bis 32 Teilnehmer pro km² wieder. Die restlichen 5% der Bevölkerung sind über das restliche Drittel mit einer Teilnehmerdichte von weniger als 32 Teilnehmern pro km² bis 1 Teilnehmer pro km² verteilt.[152] Dies ist der Stand für das Jahr 2011. Für eine langfristige Planung aufgrund der langen Abschreibungszeiträume der passiven Infrastruktur von leitungsgebunden Technologien bedarf es einer umfassenderen Betrachtung.

Seit 40 Jahren herrscht in Deutschland ein Bevölkerungsrückgang, der sich aus der Differenz der Geburten- und Sterberate der deutschen Bevölkerung ergibt. Lange Zeit wurde dieses Defizit durch Außenmigration, wie Gastarbeiter und deren Familien, gedeckt, doch seit Beginn des Jahres 2000 sank die Zuwanderung aus dem Ausland auf ein Niveau, welches das Geburtendefizit nicht mehr decken kann.[153] Zusätzlich verlassen jedes Jahr ungefähr 100.000 Auswanderer die Bundesrepublik.[154] Die Konsequenz dieser Entwicklung ist ein Bevölkerungsrückgang. Eine Untersuchung des Statistischen Bundesamtes ergab in einer Modellrechnung[155], dass sich die Bevölkerung von 81,8 Mio. Einwohnern im Jahr 2011 in 2030 auf 77 Mio. Einwohner reduzieren werde, wobei besonders die ostdeutschen

---

[151] Vgl. Jay Neumann, Plückebaum (2011), S. 8 ff.
[152] Vgl. ebenda.
[153] Vgl. Statistisches Bundesamt (2012a), S. 10.
[154] Vgl. ebenda, S. 6.
[155] Die hier verwendete Variante ist 1-W1, welche als mittlere Bevölkerungsentwicklung bezeichnet wird (vgl. Statistisches Bundesamt (2012a), S. 6).

Bundeländer betroffen sein würden.[156] Dadurch sinkt die durchschnittliche Bevölkerungsdichte von 229 Einwohnern pro km² langfristig.[157] Dementgegen wächst, laut Statistischen Bundesamt, die Anzahl aller Haushalte auf 41 Mio. Grund hierfür ist die sinkende Anzahl der in einem Haushalt lebenden Personen.[158]

Neben dem allgemeinen Bevölkerungsrückgang wirkt sich die Binnenmigration langfristig auf die regionale Bevölkerungsdichte aus. Binnenmigration ist die Wanderung der Bevölkerung innerhalb des Bundesgebiets zwischen den Bundesländern.[159] Untersuchungen des Statistischen Bundesamtes weisen darauf hin, dass durch Binnenmigration besonders in den neuen Bundelsändern, mit Ausnahme von Brandenburg, ein stärkerer Bevölkerungsrückgang zu verzeichnen ist als in den Stadtstaaten und alten Flächenländer.[160] Grund dafür sind wirtschaftliche Faktoren wie Ausbildungs- und Arbeitsplatzangebote.[161] Nach Berechnungen des Statistischen Bundesamtes wird bis 2030 die Anzahl der Haushalte in den alten Flächenländern um 4 bis 5 % steigen. Besonders Hamburg mit 10 % und Baden-Württemberg mit 7 % Haushaltswachstum werden zukünftig die Bevölkerungsdichte und damit die Anzahl potentieller Anschlussnehmer pro Fläche erhöhen. Das Saarland und die neuen Bundesländer werden zwischen 3 % im Saarland und 15 % in Sachsen-Anhalt an Haushalten verlieren, was eine geringere Bevölkerungsdichte zur Folge hat. Besonders werden die Regionen entvölkert, die eine geringe berufliche Perspektive für potentielle Arbeitnehmer bieten. Vermutlich werden die Regionen, die auf Abbildung 3-1 bereits eine niedrige Teilnehmerdichte besitzen, in den eben genannten Bundesländern zukünftig sinkenden Besiedlungsdichten aufweisen.[162] Somit ist langfristig eine Ost-West-Wanderung zu erwarten, die aufgrund besserer Infrastruktur und einem höheren Arbeitplatzangebot ausgelöst wird.[163]

Voraussichtlich wird sich der 80 %-ige Anteil der potentiellen Teilnehmer auf einem Drittel des Bundsgebietes erhöhen. Diese Entwicklung hat durchaus einen gewissen Einfluss auf die ermittelten Daten von Jay, Neumann und Plückbaum und kann durchaus eine Veränderung des Breitbandausbaus bezüglich des Technologieeinsatzes bewirken, da

---

[156] Vgl. Statistisches Bundesamt (2012a), S. 8.
[157] Vgl. Statistisches Bundesamt (2012b), S. 14 ff.
[158] Vgl. Statistisches Bundesamt (2012a), S. 28.
[159] Vgl. Flöthmann (1999), S. 1.
[160] Vgl. Statistisches Bundesamt (2011), S. 57.
[161] Vgl. Statistisches Bundesamt (2012a), S. 19, S. 57.
[162] Vgl. ebenda, S. 32 -35.
[163] Vgl. Flöthmann (1999), S. 14 f.

die besiedelten Gebiete der eben genannten Wachstumsgewinner langfristig höhere Konzentrationen und die Wachstumsverlierer geringere Besiedlungsdichten vorweisen, was für die mögliche Breitbandpenetration und damit für das Refinanzierungpotential der eingesetzten Technologien einen wichtigen Faktor darstellt.

4 Kosten des Universaldienstes

Wie bereits in Kapitel 2.2.3 beschrieben, erzeugt Universaldienst Kosten. Diese Feststellung lässt sich aus der Berechnung der Differenz zwischen einem Breitbandsektor ohne Universaldienstpflicht und dem Breitbandsektor mit Universaldienstpflicht ermitteln. Die Differenz besteht zum einen aus den Kosten des zusätzlichen Universaldienstmechanismus in Form von

Durch Einführung dieser Universaldienstverpflichtung ergeben sich langfristige Inkrementalkosten, die zur Erfüllung des Versorgungsbedarfs der unterversorgten Regionen notwendig sind, die zu den regulären Infrastrukturkosten unter Wettbewerb hinzukommen.[164]

(1) $$IC_{USO} = C((y_{USO}, y_{Net})(Q_{USO}, p_{USO})) - C(y_{Net})$$

Formel 1: Inkrementalkosten des Universaldienstes[165]

Wie Formel 1 zeigt, ergibt sich **IC$_{USO}$** aus der Differenz der Kosten für den Aufbau und den Erhalt einer Netzinfrastruktur unter Universaldienstbedingungen in Abhängigkeit der geltenden Qualitäts- und Preisbestimmungen des Universaldienstes **C ((y$_{USO}$, y$_{Net}$) (Q$_{USO}$, p$_{USO}$))** und den Kosten einer Breitbandstruktur unter wettbewerblichen Bedingungen **C(y$_{Net}$)** ohne den Einfluss einer Universaldienstverpflichtung. Die Universaldienstqualität **Q$_{USO}$** und der Universaldienstpreis **p$_{USO}$** werden durch politische Entscheidungen festgelegt und haben einen entscheidenden Einfluss auf die Investitionen und laufenden Kosten für das Breitbandnetz unter Universaldienstbedingungen.[166] Zu den Infrastrukturkosten kommen die Kosten des Universaldienstmechanismus hinzu. Der Universaldienstmechanismus in Deutschland und die daraus resultierenden Kostenfaktoren werden in Abschnitt 4.1 genauer dargestellt. Die Infrastrukturkosten werden in Kapitel 4.2 aufgezeigt. Diese

---

[164] Vgl. Elsenbast (1999), S. 74 ff.; Panzar (2000), S. 213 f.
[165] Eigene Darstellung in Anlehnung an Elsenbast (1999), S. 74 ff., Panzar (2000), S. 213.
[166] Vgl. Kruse (2000), S. 8 ff.

werden wiederum mit den entstehenden langfristigen Inkrementalerlösen R_{USO}, die sich aus der Differenz von Einkünften unter Universaldienstbedingungen und Einkünften unter wettbewerblichen Bedingungen ergeben, verglichen.[167]

$$(2) \qquad R_{USO} = R\big((y_{USO}, y_{Net})(Q_{USO}, p_{USO})\big) - R(y_{Net})$$
Formel 2: Universaldiensteinnahmen[168]

$$(3) \qquad L = IC_{USO} - R_{USO} - U_{USO}$$
Formel 3: Universaldienstlast[169]

Die Differenz L stellt den Wohlfahrtsverlust bzw. -gewinn dar. Der Wohlfahrtsverlust wird auch als Universaldienstlast[170] bezeichnet. Er ergibt sich aus der Differenz der Kosten, die durch Universaldienst erzeugt werden, abzüglich der langfristigen Inkrementalerlöse R_{USO} und des langfristigen Inkrementalnutzens U_{USO} des Universaldienstes.[171]

In der Politik ist ein Breitband-Universaldienst immer noch ein aktuelles und viel diskutiertes Thema. Einige Parteien fordern dessen Einführung mit Bandbreiten zwischen 2 MBit/s und 16 MBit/s.[172] Wie bereits in Abschnitt 2.2.3 beschrieben, ist Universaldienst die flächendeckende Bereitstellung einer Grundversorgung zu einem erschwinglichen Preis. In diesem Abschnitt sollen die notwendigen Voraussetzungen für eine mögliche Etablierung des Universaldienstes aufgezeigt werden. Die relevanten Vorgaben finden sich in der Universaldienstrichtlinie der Europäischen Union sowie im Telekommunikationsgesetz der Bundesrepublik Deutschland. Ebenso sollen die sich daraus ergebenen Bedingungen und die Ausgestaltung für eine Universaldienstverpflichtung sowie die möglichen Kosten und Konsequenzen des Universaldienstmechanismus veranschaulicht werden.

---

[167] Vgl. Elsenbast (1099), S. 78 f.
[168] Eigene Darstellung in Anlehnung an Elsenbast (1999), S. 74 ff.
[169] Eigene Darstellung in Anlehnung an Kruse (2000), S. 6.
[170] Vgl. Kruse (2000), S. 6 f.
[171] Vgl Kruse (2000), S. 9 f.
[172] Vgl. Deutscher Bundestag (2011), S. 2; onlinekosten.de (2011); Krempl (2011).

4.1.1 Unionsrechtliche und verfassungsrechtliche Voraussetzungen

Der Universaldienst ist normativ durch die Universaldienstrichtlinie der Europäischen Union harmonisiert und gilt für alle Mitgliedsstaaten innerhalb der Europäischen Union. Sie ist in ihrer letzten Fassung als Richtlinie 2009/136/EG veröffentlicht worden. Ein nationaler Breitbandzugang als Universaldienst kann somit nur etabliert werden, sofern er mit der Universaldienstrichtlinie vereinbar ist. Die verfassungsrechtliche Grundlage für einen Breitbandzugang als Universaldienst wird durch den Art. 87f GG ermöglicht. Der Artikel enthält die Gewährleistungsverantwortung des Bundes, für eine flächendeckende, ausreichende und angemessene Versorgung der Bevölkerung mit Telekommunikation zu sorgen. Sie bilden sowohl die unionsrechtlichen als auch verfassungsrechtlichen Voraussetzungen für einen Universaldienst, wie er in § 78 Abs. 2 TKG aufgeführt ist. Art. 87 TKG ist die Umsetzung der Universaldienstrichtlinie sowie die Ausgestaltung des Artikels 87f GG.[173]

Die Universaldienstrichtlinie führt in Bezug auf Breitbandübertragung eher allgemeine Kriterien auf. In Art. 3 Abs. 1 URL wird festgelegt, dass alle in der Universaldienstrichtlinie aufgeführten Dienste zu einem erschwinglichen Preis zur Verfügung stehen müssen. Dabei wird nicht spezifisch auf einen Breitbandanschluss bzw. Internetanschluss eingegangen. Diese Definition gilt für den Universaldienst allgemein. Es wird kein prozentualer Anteil oder eine Summe festgelegt. Grundsätzlich wird angenommen, dass der Preis für einen Universaldienst, der in den jeweiligen Mitgliedstaaten erbracht wird, in einem angemessenen Verhältnis zum jeweiligen Einkommensniveau der Bevölkerung stehen muss.[174] Des Weiteren ist dieser Preis flächendeckend als einheitlich zu verstehen. Dies führt dazu, dass Nutzer in ländlichen Regionen Zugang zu einem Breitbandanschluss zu einem Preis erhalten, der unter Umständen unterhalb der tatsächlichen Kosten pro Haushalt liegt. Aufgrund der geringen Bevölkerungsdichte in ländlichen Regionen sind die Kosten pro Haushalt jedoch deutlich höher als in dicht besiedelten Gebieten wie Städten.[175] Dies hat zur Folge, dass die entstehenden Kosten von der Allgemeinheit durch Querfinanzierung getragen werden.[176] Das Ausmaß der Kosten soll in Abschnitt 4.1.3 dargestellt werden.

---

[173] Vgl. Fetzer (2011), S. 708.
[174] Vgl. Ebenda.
[175] Vgl. Elixmann et al. (2008), S. 110 , Jay, Neumann, Plückebaum (2011), S 1.
[176] Vgl. Fetzer (2011), S. 709.

Entgegen Art. 3 URL bezieht sich Art. 4 Abs. 2 URL konkret auf einen Festnetzanschluss, der einen funktionsfähigen Internetzugang ermöglicht. Dabei wird bewusst keine Bandbreite vorgegeben und auch die Art des Anschlusses bzw. der Übertragungstechnologie wird nicht vorgeschrieben. Vielmehr soll bei Erbringung eines Universaldienstes die Bandbreite verwendet werden, die von der Mehrheit der Nutzer tatsächlich beansprucht wird. Zu unterscheiden ist die tatsächlich genutzte Bandbreite von der angebotenen Bandbreite der Telekommunikationsunternehmen. Das bedeutet, dass ein Mitgliedstaat zwar eine Bandbreite vorgeben darf, diese Bandbreite kann jedoch die Bandbreite überschreiten, die der Großteil der Nutzer innerhalb eines Mitgliedstaates nutzt. Daraus folgt, dass das Grundprinzip des Universaldienstes darauf beruht, dass jedermann Zugang zu Telekommunikationsdienstleistungen im derzeitigen Standard erhält. Würde dieser Standard durch die Universaldienstverpflichtung, wie in der Breitbandstrategie der Bundesregierung vorgesehen, angehoben, stünde dies, zum jetzigen Zeitpunkt, gegen das Grundprinzip einer Mindestversorgung.[177]

Derzeitig nutzen zwei Drittel aller Breitbandkunden in Deutschland eine Bandbreite unter 10 MBit/s.[178] Mit 54 Prozent nutzt der Großteil Bandbreiten zwischen 2 MBit/s und 6 MBit/s.[179] Nach Art. 4 Abs. 2 URL müsste aufgrund dieses Anteils ein Breitbandanschluss von mindestens 2 MBit/s als Universaldienst bereitgestellt werden. Mit Perspektive in die Zukunft könnte diese Bandbreite dynamisch von 2 MBit/s auf 6 MBit/s erhöht werden, sofern sich das Nutzerverhalten dahingehend entwickelt.

Ein weiteres Kriterium für die Größe der Mindestbandbreite sollte sich aus den Anforderungen der genutzten Internetdienste ergeben. Die hauptsächlich genutzten Internetdienste sind primär das Surfen im Internet, das Versenden von E-Mails, Online-Shopping auf entsprechenden Plattformen wie eBay und Amazon, Interaktion in sozialen Netzwerken wie Facebook sowie das Ansehen und die Informationsgenerierung sowie das Abrufen von Nachrichten und sonstigen Informationen. Am häufigsten wird das Internet zum Lesen von E-Mails, für Internetrecherchen und zum Lesen von Nachrichten genutzt.[180] Welche Dienste gesellschaftlich und ökonomisch für einen Mindeststandard notwendig sind, kann und soll ich hier nicht erläutert werden. Jedoch ist zu berücksichtigen, dass die ökonomische

---

[177] Vgl. ebenda, S. 708 f.
[178] Vgl. Bundesnetzagentur (2012), S. 75; Bundesnetzagentur (2011), S. 35.
[179] Vgl. Bundesnetzagentur (2011), S. 36.
[180] Vgl. BITKOM (2011), S.14; Initiativen D21 (2012a), S. 16.

und gesellschaftliche Bedeutung von Online-Vorlesungen, der Austausch von medizinischen und wissenschaftlichen Aufzeichnungen bzw. Daten sowie telemedizinische Behandlung gesellschaftlich sowie wirtschaftlich eine höhere Wertigkeit aufweisen als hochgeladene Videos auf YouTube von minderjährigen Personen bei privaten Aktivitäten.[181] Zudem ist zu berücksichtigen, dass dabei nur Internetdienste in Frage kommen, die nicht durch andere Medien bereitgestellt werden. Somit würden Dienstleistungen wie HD-IPTV und Internetradio als nicht notwendige Internetdienste aus dem Nutzerspektrum herausfallen, da diese durch Rundfunk bereits erbracht werden und für alle Haushalte zugänglich sind. Wie in Abschnitt 3.2.4 bereits erläutert, kann Videotelefonie aufgrund ihrer wichtigen gesellschaftlichen Bedeutung zu den relevanten Internetdiensten hinzugezählt werden, jedoch könnte die Anzahl der betroffenen Personen in einem zu geringen Verhältnis stehen, als dass dies gerechtfertigt sein würde. Andere Dienstleistungen aus dem Bereich Social Media bzw. soziale Netzwerke, E-Government, E-Health sowie E-Commerce sind ebenfalls von hoher wirtschaftlicher und gesellschaftlicher Bedeutung und müssen in die Festlegung der Kriterien für einen Breitband-Universaldienst mit einfließen. Um alle relevanten Internetdienste in ausreichender Qualität nutzen zu können, ist eine Bandbreite zwischen 1 MBit/s und 2 MBit/s notwendig. Des Weiteren benötigen einige Dienste wie Videotelefonie eine symmetrische Bandbreite, um in angemessener Qualität genutzt werden zu können. Die politisch geforderten Kriterien können durchaus abweichen.[182]

Zusätzlich ist es den Mitgliedstaaten nach Art. 32 URL gestattet, auch andere Telekommunikationsdienstleistungen als die in der Universaldienstrichtlinie explizit erwähnten Universaldienstleistungen zu bestimmen. Mit Blick auf die Breitbandstrategie der Bundesregierung könnte man meinen, es sei der Bundesregierung möglich, einen Breitband Internetzugang mit 50 MBit/s als zusätzliche Universaldienstleistung zu definieren. Dies widerspricht jedoch dem systematischen und theologischen Ziel der Norm. Denn es ist nur eine quantitative Ausweitung der bestehenden Universaldienste möglich, also die Einführung anderer Telekommunikationsdienstleistungen als Universaldienst, wie zum Beispiel flächendeckender Mobilfunk für Sprachtelefonie. Eine qualitative Erhöhung ist jedoch nicht vorgesehen, da mit der Einführung im Sinne des Art. 4 Abs. 2 URL eines funktionalen Breitbandanschlusses in Höhe von 2 MBit/s bereits ein Breitbandanschluss mit Mindestqualität vorhanden ist. Die Einführung eines Breitbandanschlusses mit einer Bandbreite

---

[181] Vgl. Kruse (2008), S. 5.
[182] Vgl. VATM (2011), S. 17; Birke (2009), S. 68 f.

von 50 MBit/s wäre somit nicht von Art. 32 URL gedeckt, da Sinn und Zweck dieses Dienstes über das Prinzip der kosteneffizienten Grundversorgung mit einem Mindestangebot hinausgehen würde.[183] Das Ziel der Universaldienstrichtlinie ist die Sicherstellung eines kosteneffizienten Mindestangebots in Form eines funktionalen Internetzugangs in einer angemessenen Bandbreite, mit welcher in angemessener Qualität alle notwendigen und gängigen Internetdienste genutzt werden können. Durch den verpflichtenden LTE-Ausbau in schlecht erschlossenen Regionen konnte die Versorgung mit Breitband in Höhe von 1 MBit/s auf 98,7 % erhöht werden. Dieser Versorgungsgrad zeigt jedoch gleichzeitig, dass eine Universaldienstverpflichtung in Höhe von 1 MBit/s nicht notwendig ist, da eine wachsende Versorgung durch den Mark gewährleistet scheint.[184] Allerdings wird diese Bandbreite zum Teil durch drahtlose Übertragungstechnologien bereitgestellt, was unter Umständen mit der normativen Vorgabe eines Festnetzanschlusses kollidieren könnte.[185] Da primär jedoch ein funktionaler Internetanschluss gefordert wird, kann dieser, unabhängig vom Festnetzanschluss, technologieneutral auch durch drahtlose Übertragungstechnologien bereitgestellt werden.

Wie bereits erwähnt, konkretisieren die §§ 78 ff. TKG neben der Universaldienstrichtlinie auch mit dem Art. 87f GG die verfassungsrechtlichen Anforderungen. Er beinhaltet die Gewährleistungsverantwortung einer flächendeckenden, angemessenen und ausreichenden Telekommunikationsdienstleistungen zu einem angemessenen Preis, um ein potentielles Marktversagen zu verhindern. Des Weiteren unterliegt die Bundesregierung dem Privatwirtschaftlichkeitsgebot. Dies bedeutet, dass zwar eine staatliche Beteiligung an Telekommunikationsdienstleistungen durchaus möglich sind, jedoch nach Artikel 87f Abs. 2 Satz 1 GG die Aufgabe an sich privatisiert sein muss. Somit ist eine unternehmerische Betätigung, die primär auf Gewinnungsertrag ausgerichtet ist, erforderlich. Zwar ist es dem

---

[183] Vgl. Fetzer (2011), S. 709.
[184] Vgl. Deutscher Bundestag (2012), S. 3.
[185] Vgl. § 78 TKG.

Staat erlaubt, ein Infrastrukturnetz zu errichten, jedoch darf er es nicht im Sinne des Gemeinwohlzwecks betreiben. Eine anschließende Übergabe an ein öffentliches Unternehmen ist dann möglich, wenn dieses Unternehmen die Infrastruktur privatwirtschaftlich betreibt. Andere Möglichkeiten wären eine Vermietung oder der Verkauf an private Unternehmen, die das Breitbandnetz privatwirtschaftlich betreiben, auch wenn Kooperation im Rahmen des Public-Private-Partnership denkbar ist.[186]

Unions- und verfassungsrechtlich gilt für eine Universaldienstverpflichtung eine angemessene privatwirtschaftliche, wirtschaftlich effiziente und flächendeckende Versorgung. Mit einer Bandbreite von beispielsweise 1 MBit/s bzw. 2 MBit/s, die zu einem Preis, der in einem angemessenen Verhältnis zum Einkommen der Teilnehmer steht, können diese Anforderungen erfüllt werden. Zusätzlich muss erwähnt werden, dass bei Etablierung eines Universaldienstes zu einem späteren Zeitpunkt die mehrheitlich genutzte Bandbreite deutlich höher liegen könnte als zum jetzigen Zeitpunkt. Dadurch würde auch die Mindestbandbreite für einen Universaldienst entsprechend höher ausfallen. Wie nun die konkrete Ausgestaltung nach Telekommunikationsgesetz in Deutschland aussehen könnte, soll im nächsten Abschnitt aufgezeigt werden. Grundsätzlich wird die Qualität eines Universaldienstes politisch festgelegt.

4.1.2 Ausgestaltung einer Universaldienstverpflichtung im Breitbandsektor

Die am 09.05.2012 verabschiedete Telekommunikationsgesetz-Novelle 2012 bringt die geforderten Veränderungen der Europäischen Union und des Bundesverfassungsgerichts mit ein. Universaldienst wird hier in den §§ 78 bis 87 TKG geregelt. § 78 TKG definiert zum einen den Begriff Universaldienst und zählt die betroffenen Dienstleistungen auf. Dabei hält sich der Paragraph strikt an die unionsrechtliche Vorgabe der Universaldienstrichtlinie, die bereits im vorherigen Abschnitt dargestellt worden ist. Dabei kann die Bundesnetzagentur nach § 78 Abs. 4 TKG den allgemeinen Bedarf hinsichtlich der Nutzerbedürfnisse feststellen, wodurch eine flexible bedarfsorientierte Regung für alle Universaldienstleistung ermöglicht wird. Aufgrund dieser Norm wäre die Bundesnetzagentur in der Lage, bei einem festgestellten Bedarf an Breitband-Universaldienst die entsprechenden Unternehmen zu verpflichten. Diese Verpflichtung bezieht sich nicht auf die Verpflichtung ein-

---

[186] Vgl. Baake, Pavel, Schuhmacher (2011), S. 14, S. 45 f.

zelner Unternehmen, sondern auf die Ausgestaltung und Festlegung des Leistungsumfangs des Breitband-Universaldienstes. Ein theoretischer Wert, welcher bereits im vorherigen Abschnitt dargestellt wurde, könnte zwischen 1 MBit/s und 2 MBit/s liegen. Bei Unterschreitung der festgelegten Kriterien würden gemäß §§ 80 ff. TKG die entsprechenden Verfahren zur Regulierung des Universaldienstes eingeleitet werden.[187]

Der Preis für einen Breitband-Universaldienst soll den realen Preis für die Bereitstellung eines Breitband-Internetanschlusses nicht übersteigen. Nach § 79 TKG ist dies der Preis, der „[...] von einem Privathaushalt außerhalb von Städten mit mehr als 100.000 Einwohner zum 1. Januar 1998 durchschnittlich nachgefragt wurde [...]"[188] bzw. der Preis, der unter Beachtung von § 79 Abs. 2 TKG i. V. m. § 28 TKG durchsetzbar ist, da zum eben genannten Zeitpunkt kein Breitbanddienst in jetziger Art und Weise existierte.

Ist eine Unterversorgung nach § 78 TKG eingetreten, sind nach § 80 TKG diejenigen Unternehmen, die auf dem gesetzlich, räumlich relevanten Markt tätig sind und einen Anteil von mindestens 4 % an gesamten Marktumsatz besitzen oder auf den räumlich relevanten Markt über eine über eine beträchtliche Marktmacht verfügen, kraft Gesetz verpflichtet, dazu beizutragen, diese Unterversorgung aufzuheben.[189] Dies trifft, abgesehen von Kleinstunternehmen, auf alle gewerblichen Telekommunikationsdiensteanbieter, die auf einem Breitbandanschlussmarkt an einem festen Standort für Endkunden tätig sind, zu.[190] Die Beitragspflicht gilt nur für die einzelne defizitäre Universaldienstleistung des Breitbandangebotes und kann durch die Auferlegung der Universaldienstleistung selbst oder durch Geldleistungen das Defizit des verpflichteten Breitband-Unternehmens zum anteiligen Ausgleich erbracht werden.[191]

Die Auferlegung der Universaldienstverpflichtung nach § 81 TKG erfolgt mit der Veröffentlichung der Regulierungsbehörde über eine nicht ausreichend erbrachte Universaldienstleistung bzw. eine potenziell unterversorgte Dienstleistung nach § 78 Abs. 2 TKG. Sofern sich kein Unternehmen innerhalb eines Monats nach Bekanntmachung bereiterklärt, ohne Ausgleich nach § 82 TKG diese Dienstleistung zu erbringen, kann die Bundesnetza-

---

[187] Vgl. Beck-Online (2012a).
[188] § 79 Abs. 1 TKG.
[189] § 80 Abs. 1 TKG.
[190] Vgl. Bundeskartellamt (2010), S. 15.
[191] Vgl Beck-Online (2012b).

gentur nach § 82 Abs. 2 TKG ein oder mehrere Unternehmen, von dem bzw. denen sie meint, dass sie diese Leistung möglichst kostengünstig erbringen, verpflichten. Ist diese Verpflichtung jedoch durch finanzielle Belastung unzumutbar, ist die Behörde verpflichtet, Universaldienstleistung auszuschreiben, um so einem Unternehmen die Möglichkeit zu geben, Universaldienstleistung gegen Ausgleich zu erbringen. Zudem kann die Bundesnetzagentur feststellen, wie hoch die Ausgleichsforderungen der Bewerber sind.[192] Diese Ausschreibung ist erforderlich, da durch wettbewerbliche Mechanismen die unterversorgten Regionen nicht ausreichend erschlossen worden sind und mit einer Ausschreibung einer „Monopollizenz" eine Auktion induziert wird, die einen Wettbewerb zwischen Unternehmen erzeugt und eine Diskriminierung zwischen den verschiedenen Unternehmen innerhalb der Branche nicht stattfindet. Dies setzt eine entsprechende Ausformulierung der geforderten Leistungsanforderungen voraus.[193]

Unter der Annahme, dass das Unternehmen mit dem geringsten Ausgleichsanspruch ermittelt wird, ergeben sich für dieses Unternehmen nach den §§ 84 - 87 TKG besondere Pflichten. Zum einen unterliegt das Universaldienst erbringende Unternehmen nach § 84 Abs. 1 TKG einem Kontrahierungszwang, welcher dazu verpflichtet, jeden Kunden in dem unterversorgten Bereich, der es wünscht, gegen ein angemessenes Entgelt an einen Breitbandanschluss anzuschließen und zu versorgen.[194] Hervorzuheben ist, dass die zu erbringende Dienstleistung so anzubieten ist, dass der Nutzer nicht für Dienste zahlen soll, die nicht notwendig oder für den beantragten Dienst erforderlich sind.[195] Der Betrieb darf nur eingestellt oder eingeschränkt werden, wenn wie in § 85 Abs. 1 TKG beschriebenen, grundlegenden Anforderungen, wie die Sicherheit des Betriebs, nicht mehr gewährleistet sind.[196] Ebenso muss die Universaldienstleistung in geforderter Qualität und entbündelt als reiner Breitbandanschluss zur Verfügung stehen.[197] Dies hat zur Folge dass dem Nutzer in unterversorgten Gebieten primär ein reiner Internetzugang zur Verfügung stehen muss und er nicht gezwungen werden darf, ein Bündelangebot, zum Beispiel bestehend aus Fernsehen, Telefon und Internet, zu kaufen, da keine Alternative zur Verfügung steht.

---

[192] Vgl. Baake, Pavel, Schumacher (2011), S. 47 f.
[193] Vgl. Baake, Pavel, Schumacher (2011), S. 54
[194] Vgl Baake, Pavel, Schumacher (2011), S. 48.
[195] Vgl. § 84 TKG.
[196] Vgl. §§ 84, 85 TKG.
[197] Vgl § 84 Abs. 2 TKG; Baake, Pavel, Schumacher (2011), S. 48.

Das Unternehmen, welches Universaldienstleistung erbringt, erhält nach § 82 TKG am Ende des Kalenderjahres eine Ausgleichszahlung, die das Defizit bei der Erbringung des Universaldienstes deckt. In die Berechnung der Ausgleichszahlung werden sowohl materielle als auch immaterielle Vorteile, die durch die Universaldienstleistung für das Unternehmen entstanden sind, mit einbezogen. Dadurch soll eine mögliche Wettbewerbsverzerrung weitestgehend vermieden bzw. reduziert werden.[198]

Bei der Finanzierung eines Universaldienstes gibt die Universaldienstrichtlinie in Art. 13 URL zwei Arten zur Finanzierung der Ausgleichszahlung vor. Zum einen eine Entschädigung aus öffentlichen Mitteln, zum anderen ein Aufteilungsverfahren auf alle im Breitbandsektor beteiligten Unternehmen, was in Form eines sektorspezifischen Universaldienstfonds geschehen kann. Dabei ist es nach Art. 13 Abs. 3 Satz 2 URL zulässig, Anbieter mit einem geringen Marktanteil von diesen Aufteilungsverfahren des Universaldienstes auszunehmen. Ebenso gibt Art. 12 Abs. 1 URL vor, dass in die Ausgleichszahlungen an das universaldienstverpflichtete Unternehmen die durch den Universaldienst erlangten materiellen und immateriellen Vorteile einfließen müssen, um eine mögliche Wettbewerbsverzerrung zu minimieren. Zusätzlich erlassene Universaldienste nach Art. 32 URL dürfen keine Ausgleichszahlung erhalten. Somit ist auch für eine Breitbandverpflichtung oberhalb der Universaldienst-Bandbreite nach Art. 4 Abs. 2 URL eine staatliche Finanzierung oder ein Aufteilungsverfahren nicht vorgesehen.[199]

Legitime Finanzierungsarten, um die Ausgleichszahlung entsprechend kompensieren zu können, sind zum einen die Finanzierung aus dem Bundeshaushalt mit der niedrigsten allokativen und wettbewerblichen Verzerrung, zum anderen eine Fondsfinanzierung aller im Breitbandsektor beteiligter TK-Unternehmen oberhalb 4 % Marktbeteiligung anhand relativer Umsatzabgaben oder über Netzzugangsgebühren, die als Zwecksteuer wirken und so durchaus Wettbewerbsverzerrung zwischen substituiven Netzen erzeugen könnte. Ebenso ist eine Mischung der Instrumente möglich.[200] Das Telekommunikationsgesetz sieht primär eine Finanzierung durch die im Breitbandsektor beteiligten TK-Unternehmen vor.[201]

---

[198] Vgl. Fetzer (2011), S. 708 f.
[199] Vgl. ebenda, S. 7 f.; Birke (2007), S. 25 f.
[200] Vgl. Baake, Pavel, Schumacher (2011), S. 86 - 96.
[201] Vgl. § 80 TKG.

Auf die Finanzierungsmethode wird im weiteren Verlauf nicht weiter eingegangen, jedoch ist zu erwarten, dass durch die eben beschriebenen gesetzlichen Prozesse Transaktions- und Bürokratiekosten entstehen.[202]

Letztendlich ist eine Definition des Universaldienstumfangs grundsätzlich eine politische Entscheidung, die nicht immer aus ökonomischen Theorien und Empfehlungen ableitbar ist.[203] Vielmehr können ökonomische Empfehlung über den Einfluss von Interessengruppen indirekt auf die politische Entscheidung einwirken. Die Konsequenzen der Ausgestaltung und Finanzierung einer Universaldienstverpflichtung in dieser Form werden im Folgeabschnitt betrachtet.

4.1.3 Konsequenzen der Etablierung eines Universaldienstmechanismus

Grundsätzlich ist es kritisch zu sehen, dass durch Einführung der Universaldienstleistung eine Abkehr vom regulären Wettbewerb stattfindet.[204] Da aber eine Belastung aller Unternehmen im betroffenen Sektor vorgesehen ist, handelt es sich um eine symmetrische Regulierung. Somit liegt die ökonomische Belastung nicht auf einem monopolistischen Unternehmen, sondern auf dem gesamten Breitbandsektor.

Wie bereits angesprochen, erzeugt die Etablierung eines Universaldienstes zusätzliche Kosten. Diese teilen sich in die Kosten des Universaldienstmechanismus und die zusätzlichen Netzkosten durch die Etablierung einer durch den Universaldienst geforderten Infrastruktur. Die zusätzlichen Infrastrukturkosten werden in Abschnitt 4.2 ermittelt.

Als zusätzliche Kosten des Universaldienstmechanismus sind jene zu identifizieren, die bei vollständigem Wettbewerb und einem funktionierenden Markt nicht existieren würden. Würde man annehmen, dass der Markt für Breitbandinfrastruktur vollständig erschlossen wäre, so wäre auch keine politische Diskussion über die Notwendigkeit eines Universaldienstes notwendig. Folglich entstehen zusätzliche Kosten durch einen Universaldienst von

---

[202] Vgl. Baake, Pavel, Schumacher (2011), S. 42.
[203] Vgl. Birke (2009), S. 76.
[204] Vgl. Fetzer (2011), S. 710.

47

der politischen Diskussion über die Festsetzung von Preis und Qualität sowie die Vergabe und Finanzierung bis hin zur Kontrolle der Gewährleistung der festgesetzten Qualität sowie der damit einhergehenden Finanzierung.[205]

Hierbei handelt es sich um die institutionelle Vergabe von Handlungsrechten, deren Rahmen ex ante festgelegt und ex post kontrolliert und gegebenenfalls entsprechend angepasst werden müssen. Ziel dieser Vergabe soll es sein, dass das Gewindeunternehmen der Auktionen jenes ist, welches die geringsten volkswirtschaftlichen Wohlfahrtsverluste erzeugt.[206] Folglich gibt es drei Phasen, in denen Kosten durch den Universaldienstmechanismus entstehen. Ex ante werden alle Behandlungskosten durch Information, Beschaffung und Ermittlung der angemessenen Qualität sowie des angemessenen Preises für Universaldienst erzeugt. In der zweiten Phase, der Vergabe, entstehen Kosten durch die Identifizierung und Ausschreibung der unterversorgten Regionen an entsprechende Unternehmen. In der dritten Phase entstehen, ex post, Kosten durch die Kontrolle und Anpassung, die notwendig sind, um die Vorgaben der Universaldienstqualität einzuhalten. Diese Kosten werden auch Transaktionskosten genannt. Sie zeichnen sich durch ihre Spezifität der notwendigen Investitionen sowie deren Unsicherheit durch unvollständige Information über die Rahmenbedingungen und den zukünftigen Verlauf der Transaktion aus. Weitere Merkmale von Transaktionskosten sind die Schwierigkeit der Beurteilung der geschaffenen Werte durch die Ausschreibung sowie die Interdependenz zu anderen Transaktionen, die sich aus der Ausschreibung ergeben.[207]

Die ex ante entstehenden Kosten umfassen die Kosten die durch politische Diskussion, über die Etablierung eines Breitband-Universaldienstes, sowie die Festlegung einer angemessenen Universaldienstqualität und eines angemessenen Universaldienstpreises. Ebenso entstehen Kosten über die Entscheidung der möglichen Finanzierungsart, mit welcher die entstehenden Kosten für die Errichtung und Betrieb einer Universaldienstinfrastruktur Bericht werden. In dieser Phase erstellen die Parteien eine entsprechende Agenda, die ihre Position bezüglich des Universaldienstes darstellt. Zudem werden spezifische Investitionen für wissenschaftliche bzw. wirtschaftliche Studien getätigt, um die Notwendigkeit für bzw. gegen einen Breitbanduniversaldienst zu stützen und wenn ja, in welchem Umfang dies

---

[205] Vgl. Birke (2009), S. 78 f.
[206] Vgl. Baake, Pavel, Schumacher (2011), S. 54.
[207] Vgl. Gabler (2012b), Jost (2004), S. 1453 f.; Klaus (2009), S. 155.

geschehen sollte. Ein Beispiel hierfür ist das Gutachten von Brake, Pavel, Schumacher (2011), welches nötig ist, um Informationen über die Notwendigkeit sowie Konsequenzen einer Universaldienstverpflichtung im Breitbandsektor generieren zu können.[208] Informationen sind notwendig, da die Politik keine Informationen über Kostenstrukturen der betriebenen Netze und die wirtschaftliche Leistungsfähigkeit der einzelnen Infrastrukturunternehmen besitzt. Mit diesen Informationen werden entsprechende Entscheidungen durch die Politik getroffen. Die Infrastrukturunternehmen im Breitbandsektor versuchen, Nachteile zu vermeiden, indem sie entweder die Politik dahingehend beeinflussen, dass eine Entscheidung für einen Universaldienst nicht zu Stande kommt.[209] Für den Fall, dass eine Universaldienstverpflichtung stattfindet, läge der Anreiz der Infrastrukturunternehmen darin, deren Finanzierung für sich selbst zu vermeiden bzw. auf ein Minimum zu reduzieren.[210] Zudem würden die Infrastrukturunternehmen Einfluss auf eine möglichst geringe Qualität und einen hohen Preis nehmen. Dabei ist zu berücksichtigen, dass der Preis für die Infrastrukturnutzung in Deutschland in Form von Netzzugangsentgelten durch die Bundesnetzagentur festgelegt wird.[211]

Wurde eine Universaldienstverpflichtung beschlossen und die entsprechende Qualität festgelegt, befasst sich die nächste Stufe mit der Ausschreibung des Universaldienstes.

Grundsätzlich sollen Ausschreibungen in Form von Auktionen abgehalten werden. Dadurch wird ein Bieterwettbewerb erzeugt, der eine möglichst umfassende Reduktion der Kompensationszahlung mit sich bringen soll und so die Zusatzlast der Finanzierung miniert. Sind die zu versorgenden Regionen identifiziert, müssen die Unternehmen gefunden werden, die dazu qualifiziert sind, diese Regionen betreiben zu können. Zusätzlich gewinnt der Staat bei der Auktion Informationen über die Kostenstrukturen der Anbieter. Ebenso sind die vorhandenen Sunk Cost zu berücksichtigen, da diese zu einem eingeschränkten Wettbewerb führen können. Durch zuvor erlittene Marktaustrittskosten wären Wettbewerber nicht mehr in der Lage, an einer neuen Ausschreibung teilzunehmen.[212] Zudem muss unterschieden werden, ob eine Ausschreibung für alle Regionen bundesweit oder einzelne Regionen erfolgt, was die Kollusionsgefahr durch einen höheren Bieterkreis in regionalen

---

[208] Vgl. Baake, Pavel, Schumacher (2011), S.1.
[209] Vgl. ANGA (2011b).
[210] Vgl. Jost (2004), S. 1452.
[211] Vgl. Jost (2004), S. 1452 ff.; Birke (2009), S. 80.
[212] Vgl. Elsenbast (1999), S. 126 f.

Ausschreibungen reduziert.[213] Ebenso sind Bündelangebote von eng aneinander liegenden Regionen durchaus sinnvoll, um entsprechende Skalenvorteile auszunutzen.[214] Um mögliche Ineffizienzen zu vermeiden, müssen klare und präzise definierte Ausschreibungen über die Dienstleistungsart und -umfang durchgeführt werden. Ebenso müssen ex ante Zugangsrechte und Wiederverkaufsverpflichtungen formuliert werden. So können keine strategischen Anreize für ineffiziente Betriebe geschaffen werden,[215] da Ineffizienzen entstehen können, wenn ein Unternehmer ein Gebot abgibt, welches unter den eintretenden Kompensationszahlungen liegt.[216] Ist diese Differenz zu hoch, ist der Staat gezwungen, die betroffene Region gegebenenfalls erneut auszuschreiben, um einen effizienteren Anbieter ermitteln zu können. Dies führt wiederum zu neuen Kosten, die auch als Anpassungskosten beschrieben werden. Wie gerade aufgezeigt, entstehen ex post Kosten durch die Kontrolle der Kompensationszahlungen durch die Bundesnetzagentur an das Unternehmen. Zusätzlich entstehen Koordinationskosten bei der Organisation des Finanzierungsmechanismus durch die Einrichtung und Koordination des Universaldienstfonds. Zudem müssen die Umsätze der einzelnen betroffenen Unternehmen ermittelt werden, um die Höhe der Abgaben für die jeweiligen Unternehmen bestimmen zu können.

Bei der Berechnung der Ausgleichszahlung kann es insoweit zu Ineffizienzen kommen, da die immateriellen Vorteile, die durch das Unternehmen nur schwer messbar sind und sich dort aufgrund falscher Schätzung des immateriellen Vorteils das betroffene Unternehmen höhere Ausgleichszahlung erhält als notwendig wären. Diese Kosten müssten zusätzlich von den anderen Unternehmen getragen werden.[217] Derartige Faktoren erzeugen zusätzliche Kosten, die bei der Universaldienstberechnung internalisiert werden müssen, um ein genaues Kostenbild des Universaldienstes zu erhalten, da diese Teil der Universaldienstkosten sind.[218]

Wird der Universaldienst dynamisiert, erhöht sich die Komplexität der Auktionsmechanismen und Kompensationszahlungen, wodurch höhere Ineffizienzen entstehen können.[219]

---

[213] Vgl. ebenda, S. 126, S. 148.
[214] Vgl. Baake, Pavel, Schumacher (2011), S. 55, S. 62.
[215] Vgl. Baake, Pavel, Schumacher (2011), S. 55; Elsenbast (1999), S. 144.
[216] Vgl. Elsenbast (1999), S. 145.
[217] Vgl. Fetzer (2011), S. 209; Jaag (2011), S. 11 ff.
[218] Vgl. Panzar (2000), S. 214 f.
[219] Vgl. Baake, Pavel Schumacher (2011), S. 56 f.

In der weiteren Betrachtung sollen die Kosten des Universaldienstmechanismus als **TC** aufgeführt werden. Im nächsten Abschnitt werden die Kosten der Infrastruktur unter Universaldienstbedingungen ermittelt.

4.2 Kosten der Universaldienstinfrastruktur

Um die Kosten einer Breitband-Universaldienstverpflichtung ermitteln zu können, müssen zuvor die Aufwendungen für einen wirtschaftlich optimalen Ausbau errechnet werden. Dadurch wird aufgezeigt, welche Regionen unter Wettbewerbsbedingungen nicht erschlossen werden. Die Frage, ob eine Region unter Wettbewerbsbedingungen erschlossen werden kann, hängt zum einen von den Kosten pro Haushalt für die jeweilige Technologie in der entsprechenden Region und zum anderen von der notwendigen Penetrationsrate der Nutzer, um Kostendeckung zu erreichen, ab.

Aufgrund der verschiedenen Übertragungstechnologien, die für Breitband existieren, entwickeln sich heterogene Investitions- und Kostenstrukturen.

Im Folgenden soll beispielhaft an der Errichtung eines Glasfasernetz in Deutschland, die Kostenstruktur eines Breitbandausbaus und mögliche Einflussfaktoren vorgestellt werden. Anhand dieses Kostenbeispiels soll exemplarisch dargestellt werden, wie sich ein Ausbau unter Wettbewerbsbedingungen ergeben könnte. Zudem soll gezeigt werden, wie die von Glasfaser nicht erschlossenen Regionen mit anderen Technologien wettbewerblich erschlossen werden könnten. Anschließend soll demonstriert werden, inwiefern sich eine Universaldienstverpflichtung auf den Breitbandausbau auswirkt, um so die Kosten des Universaldienstes ermitteln zu können.[220]

---

[220] Vgl. Panzar (2000), S. 213 f.

4.2.1 Grundlagen zur Kostenermittlung eines Breitbandnetzes

Die Ermittlung der Kosten wird anhand von Studien durchgeführt. Dabei werden bestimmte Annahmen getroffen, die hier erläutert und entsprechend bewertet werden sollen, ein möglichst umfassendes Bild von der Ausgestaltung eines Breitbandnetzes zu erhalten.

In der Regel sind die hier verwendeten Studien statisch orientiert, was bedeutet, dass dynamische Entwicklungen hier nicht abgebildet werden. Die verwendete Kostenrechnung ist der zukunftsorientierte durchschnittliche langfristige Inkrementalkosten-Ansatz oder auch *FL-LRAIC* und gilt als Standard innerhalb der europäischen Mitgliedstaaten zur Berechnung effizienter Bottom-Up-Modelle. Auf Basis dieses Kostenansatzes wird es möglich, Modelle zu errechnen, mit denen effizient regulierte Preise ermittelt werden können, ohne die Gefahr, dass die Preis-Kosten-Schere[221] den Wettbewerb verzerrt. Ebenso können anhand dieses Kostenansatzes die optimalen Investitionsvolumina für Ersatzinvestitionen und Infrastrukturerweiterungen berechnet werden. Würden die Kosten für Investitionen zu hoch kalkuliert, würde dies zu einer Unterversorgung führen, die gleichzeitig mit höheren Kunden- und Endkundenpreisen einhergeht. Ebenso würde aufgrund zu hoher Investitionskosten der gewichtete Kapitalkostensatz auf (WACC) für die Berechnung der entsprechenden Risiken falsch bewertet werden. Zudem würden zu hohe Endkundenpreise und Großkundenpreise die Wettbewerber dazu veranlassen, dass sie in teure Infrastrukturen investieren, die unter den effizienten FL-LRAIC nicht erstellt worden wären. Bei zu niedrigen Endkundenpreisen würde dies dazu führen, dass die Wettbewerber nicht in eigene Infrastrukturen investieren. Somit würde das Wachstum des Marktes gehemmt werden.. Ebenso würde bei Falschbrechung die Markteintritts- bzw. Marktaustrittsbarrieren als zu hoch bzw. zu niedrig eingestuft. Dadurch würden entweder effiziente Wettbewerber ausgeschlossen werden oder bei zu niedrigen Markteintrittsbarrieren wären zu viele ineffiziente Wettbewerber auf dem Markt vorhanden. Der FL-LRAIC ist zusammenfassend die effizienteste Methode, um einen angemessenen Preis berechnen zu können, der einen optimalen Wettbewerb in einem wachsenden Markt mit adäquaten Markteintritts- und Marktaustrittsbarrieren erzeugt.[222]

---

[221] Preis-Kosten-Schere oder auch Margin Squeeze liegt vor, wenn Wettbewerber aufgrund höherer Zahlung an die Telekom höhere Kundenpreise verlangen müssen, als es die Telekom selbst tut. Liegt dieser Fall vor, kann man davon ausgehen, dass die Telekom ihren Zugang zu einem deutlich höheren Preis verkauft, als er tatsächlich kostet (vgl. Europäische Kommission (2008)).
[222] Vgl. Hoerning et al. (2011), S. 17.

Die Kosten für den Infrastrukturausbau bestehen zum einen aus den Investitionskosten oder auch CAPEX und den laufenden Kosten, die für den Betrieb und die Versorgung der Teilnehmer notwendig sind, auch OPEX genannt. Investitionskosten für die Infrastruktur teilen sich in Kosten auf aktive und passive Infrastruktur inklusive der Kosten für bauliche Maßnahmen wie Grabungen[223]. In der Regel sind die Abschreibungszeiträume und damit die Lebenszyklen der passiven Infrastruktur deutlich länger als die der aktiven Komponenten,[224] was zusätzlich dadurch bedingt ist, dass die aktiven Komponenten mit dem Stand der Technik ausgerüstet werden müssen, da sie die Knotenpunkte der Datenweiterleitung darstellen, um so dem steigenden Kapazitätsbedarf gerecht zu werden. Der Anteil der zivilen Infrastruktur liegt vor allem bei Glasfaser zwischen 88 % und 92 %.[225] Anhand der Abschreibungszeiträume der jeweiligen Investitionen können die Investitionskostenmit den OPEX auf monatliche Kosten heruntergebrochen werden. Die OPEX umfassen die Energiekosten für die Betreibung der aktiven Infrastruktur Exklusive dem Endgerät der Nutzer, Retailkosten[226] und Kosten für die Nutzung des Kern- und Konzentrationsnetz, WACC und sonstigen Gemeinkosten. Abgesehen von den Kosten für Konzentrations- und Kernnetz und Retailkosten werden die laufenden Kosten in Form von Aufschlägen erhoben.[227]

Die gesamte Investition für einen Ausbau einer Fläche, die zuvor nicht erschlossen wurde, wird als Greenfield-Roll-Out bezeichnet und gilt in der Regel für völlig unerschlossene Regionen. Regionen die bereits über Teile einer Infrastruktur verfügen die für einen Infrastrukturausbau genutzt werden können viele Ursachen geringere Kosten dar die von Infrastrukturen notwendige Investitonen reduzieren. Werden diese vorhandenen Komponenten mit einbezogen, so nennt man dies Brownfield-Roll-Out. Bis auf wenige Ausnahmen, muss man bei einem Glasfaserausbau das kaum Infrastrukturen im Anschlussnetz vorhanden sind die die Investitionskosten reduzieren können. Daher wird der Unterschied zwischen den Investitionskosten zwischen den beiden Roll-Out- Methoden bei Glasfaser sehr gering sein. Bei VDSL und Mobilfunk kann man davon ausgehen dass gewisse Infrastrukturen wie Funkmasten, bereits gelegte Verkabelung und Verteiler vorhanden sind. Hier wird der Kostenunterschied vermutlich größer ausfallen.

---

[223] Grabungen erzeugen 50 % - 80 % der Gesamtkosten für den leitungsgebundenen Ausbau (vgl. Baake, Pavel, Schumacher (2011), S. 32).
[224] Vgl. Jay, Neumann, Plückebaum (2011), S. 20, S. 39.
[225] Vgl. Ebenda, S. 47.
[226] Retailkosten sind alle Aufwendungen für Marketing, Verkauf, Kundenservice und sonstigen zu verstehen (vgl. Jay, Neumann, Plückebaum (2011), S. 21.
[227] Vgl. Jay, Neumann, Plückebaum (2011), S. 20.

Neben den Infrastrukturkosten beeinflusst auch der der gewichtet Gesamtkapitalkostensatz die Kostenstruktur der jeweiligen Infrastruktur. Er setzt sich aus dem arithmetisches Mittel des Eigen- und Fremdkapitals der Unternehmen zusammen, wobei die die Gewichtung anhand der Anteile der jeweiligen Kapitalarten am Gesamtkapital besteht.[228] Anhand des WACC soll das Risikoprofil der jeweiligen Technologieinvestitionen internalisiert werden.[229] Stehle (2010) hat in seiner Studie für Festnetz (DSL), Mobilfunk und Glasfaser den WACC ermittelt. Der ermittelte WACC beträgt für Festnetz 6,05 %, für Mobilfunk 6,94 % und für Glasfaser 9,7 % ermittelt. Für Festnetz und Mobilfunk ergibt sich ein gewichteter Kapitalkostenzins von 6,85 % und 7,88 %.[230] So wird deutlich, dass für Glasfaser ein höheres Profil besteht als für Mobilfunk oder Festnetz. Eine Veränderung des Zinses um 1% verursacht eine Veränderung von 10 bis 11 % auf den monatliche Preis für einen entbündelten Zugang. Entsprechend wirkt sich dies auf die gesamten Kosten aus.[231]

Zur Ermittlung der Kosten ist es notwendig bestimmte Gruppen von Teilnehmern pro Fläche zu definieren. Sie werden anhand ihrer Teilnehmerdichte in sogenannte Cluster aufgeteilt, um so eine entsprechende Kostenermittlung durchführen zu können. Die ‚Dafür notwendigen Daten werden anhand unterschiedlicher Quellen wie dem Infrastrukturatlas oder dem Breitbandatlas entnommen.[232] Bei der Erstellung der Cluster wird nicht offensichtlich, ob es sich in dünn besiedelten Regionen um konzentrierte Ortschaften oder weit verstreute einzelne Haushalte handelt. Würde es sich in den dünner besiedelten Clustern um hauptsächlich konzentrierter Ortschaften handeln, so wären die Kosten zu hoch angesetzt da die Leitungslänge zwischen verzweiger und den Haushalten deutlich kürzer gehalten werden kann als wenn sie über die gesamte Fläche verstreut wären. Dies hat besondere Auswirkung bei FTTC, da nur dann nur bestimmte Längen für eine entsprechende Bandbreite erlaubt sind.[233]

Wie bereits in Abschnitt 2.2.2 kurz angesprochen, benötigt man einen Durchschnittswert um die entstehenden Kosten decken zu können. Dazu wird eine durchschnittliche Zahlungsbereitschaft der Kunden, auch ARPU genannt, mit der ein Infrastrukturbetreiber seine monatlichen Einkünfte pro Kunde berechnen kann. Der ARPU begibt sich wie bereits er-

---

[228] Vgl. Gabler (2012c).
[229] Jay, Neumann, Plückebaum (2011), S. 21.
[230] Vgl. Stehle (2010), S. 110.
[231] Vgl. Hoerning (2011), S. 83.
[232] Vgl. Jay, Neumann, Plückebaum (2011), S. 3-11.
[233] Vgl. 3.2.1.

wähnt aus der monatlichen Zahlungsbereitschaft, nach Höhe der Zahlungsbereitschaft geordnet, für einen reinen ins Zugang, Internet und Telefonzugang, sowie Internet, Telefon und Fernsehen für Privatkunden und einem Business-Kunden Anschluss. Anhand ihres prozentualen Anteils am Umsatz, sowie deren Zahlungsbereitschaft kann ein monatlicher Durchschnittswert für alle Kundengruppen für das aktuelle Angebot ermittelt werden. Für höher Bandbreiten wurde nach eine Studie von 1&1 eine höhere Zahlungsbereitschaft ermittelt, wodurch der ARPU für hohe Bandbreiten um 5 € höher angesetzt werden kann.[234]

Tabelle 2: Angenommene ARPU[235]

Studie	Elixmann et al (2008)	Jay, Neumann Plückebaum (2011)	Hoerning (2011)
ARPU (FTTx)	35 €	38 €	36,92 € - 42,05 €
ARPU (VDSL)	35 €	k. A.	29,2 € - 33,06€.

Tabelle 2 zeigt exemplarisch möglichen Einnahmen pro Haushalt die in Studien angenommen werden. Dabei beschränken sich die Annahmen auf Länder im europäischen Raum. Kritisch zu sehen ist das diese Durchschnittswert für den gesamten deutschen Raum bzw. die gesamte Nation gilt. Unterscheidet man die einzelnen Regionen voneinander, sind aufgrund der unterschiedlichen Kundengruppenanteile nicht unerhebliche Abweichungen vom deutschlandweiten Durchschnittswert möglich, da durch unterschiedliche soziale Milieus und schwankende Anteil von Industriekunden je nach Region höhere oder tiefere Zahlungsbereitschaft, als im Landesdurchschnitt angegeben, zu finden sind. Aus den Studien von BITKOM (2011) und Initiative D21 (2011)kann man entnehmen, dass der ARPU in Hamburg und anderen Großstädten, aufgrund des großen Industrie- und höheren Akademikeranteils liegt als in einer Region mit geringer Besiedlungsdichte und geringen Fachkräfteanteils und daraus folgenden kleinen Industrie. Die Studien untersuchten das Nutzungsverhalten der deutschen Bevölkerung. Dabei wurde festgestellt dass gerade junge Leute und Akademiker bzw. Leute mit höherem Abschluss ein deutlich intensiveres Nutzungsverhalten aufzeigten.[236] Die Summe der kumulierte ARPU pro Cluster entspricht den Umsätzen unter wettbewerblichen Bedingungen **R (y$_{net}$)**.

---

[234] Vgl. Bundesnetzagentur (2011), S. 112.
[235] Vgl. Elixmann et al (2008), S. 110, Jay, Neumann, Plückebaum (2011), S.25 , Hoerning et al (2011), S. 95.
[236] Vgl. BTKOM (2011), Initiative D21 (2012b)

Die durchschnittliche Zahlungsbereitschaft für Kabelinternet kann, aufgrund sehr ähnlicher Strukturen, mit 36,30 € den Zahlungsbereitschaften für VDSL das bei niedrigen Bandbreiten und Glasfaser bei höheren Bandbreiten gleichgesetzt werden.[237] Dies gilt analog für die Kostenstruktur bei Neuerschließungen von zuvor nicht-versorgten Regionen. In Abschnitt 3.2.2 wurde bereits aufgezeigt, dass bei Neuerschließung von Gebieten in der Regel eine Glasfaserstruktur verwendet wird verwendet wird. Die dafür entstehenden Kosten können mit denen eines FTTH/P2P mit bzw. ohne Hausverkabelung gleichgesetzt werden.

Neben dem möglichen Einkommen ist die Penetrationsrate ein sehr wichtiger Faktor im Breitbandausbau. Sie beschreibt den Anteil der potentiellen Teilnehmer, die die Infrastruktur gegen Zahlung tatsächlich nutzen. In den verwendeten Studien wird eine einheitliche Penetrationsrate angenommen. In Deutschland herrscht eine kumulative Penetrationsrate von 67,9 % bei 40,1 Mio. Haushalten. Regional können die Penetrationsraten unabhängig von ihrer Bevölkerungsdichte vom Landesdurchschnitt abweichen. In den Studien wird in der Regel eine einheitliche Penetrationsrate zwischen 70 %[238] und 80 % angenommen. Dabei ist zu kritisieren, dass das ich diese Raten auf nur eine Übertragungstechnologie stützen. Vergleicht man die Penetrationsraten der heterogenen Dienst in Deutschland mit den theoretisch antizipierten könnten die Penetrationsraten für eine einzige Technologie zu hoch sein da vor allem infrastrukturelle gut erschlossenen Regionen verschiedene Übertragungstechnologien parallel zur Verfügung stehen und genutzt werden. Ein kumulativer Wert von 70 % ist jedoch durchaus realistisch. In Verbindung mit den möglichen Einnahmen pro Kunde (ARPU) können so die möglichen Einnahmen für die betroffenen Besiedlungsdichten ermittelt werden.

---

[237] Hoerning et al (2011), S. 95.
[238] Vgl. Jay, Neumann, Plückebaum (2011), S. 24 f.

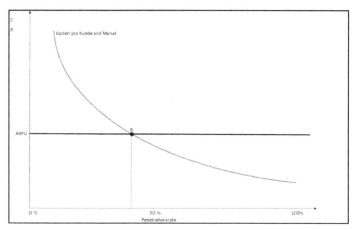

Abbildung 7:Kritische Penetrationsrate.[239]

Wie Abbildung 7 zeigt ist die Penetrationsrate ebenso relevant für die Umlegung der Kosten auf die möglichen Abonnenten. Die schwarze horizontal verlaufende Linie beschreibt die möglichen Einnahmen pro Kunde pro Monat oder auch ARPU. Sie ist unabhängig vom Anteil der Nutzer und daher konstant. Die Kostenkurve, hier in Rot dargestellt, beschreibt die Kosten pro Kunde pro Monat bei entsprechender Penetrationsrate. Mit steigender Penetrationsrate sinken die Kosten pro Kunde pro Monat, da die entstehenden Gesamtkosten auf mehr Nutzer umgelegt werden können. Bis zum Punkt B liegen die Kosten pro Nutzer und Monat oberhalb der möglichen Einnahmen pro Nutzer und Monat, was dazu führt das die vorhandenen Nutzer nicht ausreichend sind und die Kosten der Infrastruktur zu decken. Erst mit der Penetrationsrate im Punkt ist der Anteil der Nutzer Genug um die Kosten der Infrastruktur zu decken. Dies ist die erforderliche Mindestpenetrationsrate bei der ein Unternehmen bereit wäre die Infrastruktur zu betreiben. Mit steigender Penetrationsrate steigt ebenso die Attraktivität für Unternehmen die Infrastruktur zu betreiben, da die Gewinne mit steigendem Nutzeranteil wachsen. Der kritische Penetrationsanteil hängt von den Investition und laufenden Kosten für die entsprechende Bevölkerungsdichte ab. Zudem die Dichte der Teilnehmerzahl für den errechneten Bereich relevant. Je höher die Besiedlungsdichte ist werden zwar mehr Kosten produziert, die jedoch auf insgesamt mehr Nutzer verteilt werden können. Dies führt dazu das vor allem in dicht besiedelten Regionen die Gesamtkosten für die Infrastruktur zwar höher sind ,jedoch die kritische Penetrationsrate ei-

---

[239] Eigene Darstellung, angelehnt an Elixmann et al (2008), S. 97.

nen deutlich geringeren sein, als schwach besiedelte Regionen, die zwar geringere Gesamtkosten aber noch weniger noch weniger Nutzer aufweisen. Dadurch dass die Zahl der potentiellen Nutzer im Verhältnis zu den Gesamtkosten stärker abnimmt, steigen somit die Durchschnittskosten pro Nutzer pro Monat. Dies erhöht den Wert der Penetrationsrate, die notwendig ist um die Kosten zu decken. Je stärker also die Besiedlungsdichte abnimmt umso höher ist die notwendige Penetrationsrate. Dies führt im schlimmsten Fall dazu, dass der Wert der notwendigen Penetrationsrate zur Kostendeckung oberhalb von 100 % liegt und somit die Region nun mit Subventionen, bei der entsprechenden Technologie, erschlossen und betrieben werden kann. [240] Dies sind die so genannten Dichtevorteile die bereits in Abschnitt 2.2.2 beschrieben worden sind.

Eine Variation des ARPU senkt bzw. erhöht die notwendige Penetrationsrate für das entsprechende Cluster. Würde man die durchschnittlichen Einnahmen pro Kunde und Monat um wenige Euro erhöhen so könnte die kritische Penetrationsrate von Clustern, die zuvor nicht wirtschaftlich betrieben werden konnten auf ein Niveau sinken, auf welchen es möglich wäre dieses zu betreiben. Umgekehrt verhält es sich bei einer Absenkung der durchschnittlichen Einnahmen.[241]

Die die Höhe der kritischen Penetrationsraten zeigen zudem, dass ein Infrastrukturwettbewerb von mehreren Unternehmen in einem gleichen Gebiet nicht möglich ist, da die kritische Penetrationsrate auch die mindestoptimale Betriebsgröße an versorgten Kunden darstellt wie ein Infrastrukturunternehmen haben muss um ein sprechendes Netz betreiben zu können. Doch wie bereits erwähnt ist durch die Konvergenz der der Medien und der damit verbundenen Netzwerke die Vormachtstellung des Anschlussnetzes der Telekom durch das Kabelinternet und das Mobilfunknetz entkräftet worden.[242] Zudem sind die vertikalen Wertschöpfungsstufen voneinander unabhängig, so dass durch Anmietung der Teilnehmeranschlussleitungen, einen entbündelten Netzzugangs oder durch einen Bitstromzugang andere Unternehmen in der Lage sind ihre Dienstleistung über die ein und dieselbe Leitung anbieten zu können.

---

[240] Vgl. Elixmann et al (2008), S. 97 f., S. 119-123,Hoerning et al (2011), S. 77, Jay, Neumann Plückebaum (2011), S.
[241] Vgl. Exmann et al (2008), S. 118-124.
[242] Vgl. 3.2.3, 3.2.4.

Ebenso wird in einigen Studien der Anteil und die Höhe der Großkundentarife für Reseller[243], wie Mobilcom-Debitel und anderen, in die Einnahmekalkulation mit einbezogen, was zusätzliche Einnahmen und Penetration der Reseller-Kunden generiert. [244]

Neben diesen entscheidenden Faktoren gibt es in den verschiedenen Studien unterschiedliche Annahmen zu bereits existierenden passiven Infrastrukturen wie Leerrohren, Verteilergebäude, Migrationskosten von FTTC zu FTTH bzw. Kosten des Parallelbetriebs die zusätzlich die ermittelten Kosten beeinflussen können.[245] Zudem kann zwischen den Annahmen unterschieden werden ob das Modell auf einem wettbewerblichen Ansatz oder dem so genannten *Steady State*[246] operiert oder sich in einem Wettbewerblichen Modell befindet.[247]

Anders als für leitungsgebundene Übertragungsmedien muss bei der Nutzung von mobilen Breitband die Kostenstruktur und die entsprechend notwendigen Penetration für einen möglichen Betrieb auf abweichender Annahmen und Bedingungen ermittelt werden. Derzeit entwickelt das wissenschaftliche Institut für Infrastruktur und Kommunikationsdienste ein Modell zur Berechnung der Kostenstrukturen im Mobilfunksektor[248]. Jedoch soll diese hier nicht vorgestellt werden, da diese den Umfang dieser Arbeit übersteigen würde.

das im nächsten Abschnitt soll gezeigt werden wie hoch die Abdeckung mit FTTC und FTTH unter Zuhilfenahme von Studien möglich wäre. Zudem soll die Rolle von Kabelinternet und Mobilfunk bei einer Breitbandversorgung unter Wettbewerb kurz dargestellt werden.

---

[243] Reseller sind Unternehmen, die ein bestimmtes Kontingent an Datenkapazität bei den Infrastrukturbetreibern anmieten und diese an Konten über ihre eigene Plattform veräußern (vgl. Analysis Mason (2008b), S. 10, Jay, Neumann, Plückebaum (2011), S. 26).
[244] Vgl. Hoerning (2010), S. 24 Jay, Neumann, Plückebaum (2011), S. 26.
[245] Vgl. Jay, Neumann, Plückebaum (2011), S. 45.
[246] Vgl. Jay, Neumann, Plückebaum (2011), S. 17.
[247] Vgl. Hoerning et al (2010), S. 50, können et al (2011) Nummer S. S. 68 Kaiser f.
[248] Vgl. Hackbarth, Ilic, Neu (2011a).

4.2.2 Breitbandnetzausbau unter Wettbewerb

Zur Berechnung der durch Universaldienst erzeugten Infrastrukturen ist es notwendig zuerst die Kosten einer Infrastruktur unter wettbewerblichen Bedingungen darstellen zu können um die zusätzlichen Infrastrukturkosten aufzeigen zu können. Dabei soll anhand verschiedener Studien die mögliche wettbewerbliche Erschließung der unterschiedlichen Technologien in Deutschland exemplarisch dargestellt werden. Hauptsächlich soll gezeigt werden wie hoch die Abdeckung mit FTTH und FTTC möglich wäre. Was zusätzlich soll Bezug auf den derzeitigen Verfügbarkeitsstatus der verschiedenen Bandbreiten, welcher bereits in Abschnitt 3.1 vorgestellt worden ist, Bezug genommen werden. Zusätzlich soll noch ein Ausblick auf die Ausbaupläne von Kabelinternet und LTE dargestellt werden. Die dazu verwendeten Zahlen sind theoretische Richtgrößen, die sich jeweils aus Annahmen der jeweiligen Studie zusammensetzen. Daher sind diese Zahlen nur geeignet um die Dimensionen möglicher Abdeckung darzustellen.

Als Hauptbezug dieser Betrachtung steht die Studie von Jay, Neumann, Plückebaum (2011) im Fokus das. Sie haben einen die Kosten eines flächendeckenden Breitbandausbau auf FTTH-Basis für Deutschland ermittelt. Sie stützen sich primär auf das von Elixmann et al (2008) erstellt Bottom-Up-Modell mit FL-LRAIC Kostenansatz mit optimierten Infrastrukturdaten Daten. Wie bereits in Abschnitt 3.3 beschrieben, haben die Verfasser in Deutschland 43 Mio. Teilnehmer[249] identifiziert, die auf 20 homogene Cluster mit je 5 % Teilnehmeranteil verteilt werden. Dabei besitzt das Cluster 1 eine minimale Teilnehmerdichte von 2750 Teilnehmern pro Quadratkilometer und Cluster 20 eine Teilnehmerdichte kleiner 32 Teilnehmer pro Quadratkilometer. Diese unterscheiden sich deutlich von den Annahmen die bei Elixmann et al(2008) getroffen worden sind. Hier betragen die Clustergrößen die zwischen mindestens 10.000 im Cluster 1 und kleiner gleich 100 im Cluster 8. Durch diese Aufteilung wurden heterogene Clustergrößen geschaffen wobei mit 62,6 % ein Großteil der deutschen Bevölkerung in dieser Aufteilung sich in Clustergrößen zwischen 500 (Cluster 7) oder weniger zugeordnet ist. Damit eine mögliche Versorgung zwischen Cluster 1 bis Cluster 6 nur für einen kleinen Teil der Bevölkerung möglich und zudem zu ungenau.[250] Die Aufteilung von Jay, Neumann, Plückebaum (2011) ist daher für den deut-

---

[249] Die ermittelte Teilnehmerzahl ergibt sich aus der Anzahl aller Haushalte sowie Firmen, die mit einem Anschluss versorgt werden können (vgl. Jay, Neumann, Plückebaum (2011), S. 4-7).
[250] Vgl. Elixmann et al (2008), S. 109.

schen Raum besser geeignet, da sie ein detailliertes Bild über die mögliche Abdeckung liefert. Bei der Ermittlung der Cluster hat sich ergeben dass 80 Prozent aller verfügbaren Teilnehmer in Deutschland auf einem Drittel der Fläche der Bundesrepublik angesiedelt sind. Weitere 15% befinden sich auf dem nächsten Drittel und die die restlichen 5% aller Teilnehmer sind auf einem Drittel der Bundesgebietsfläche verteilt.[251]

Vorausgehende Annahmen der Studie sind zum einen, das das Modell sich in einem Steady State befindet, was bedeutet das keine zusätzlichen Kosten oder Penetrationsverluste durch den Parallelbetrieb von FTTC-Architektur, konstanter Netzgröße anderer Infrastrukturen wie Kabelinternet und LTE, Anlaufverluste mit einbezogen.[252] Zudem Werden für die erschlossenen Cluster flächendeckend ein FTTR-Netz[253] verlegt wird. Dadurch bekommt jeder potentielle Interessent die Möglichkeit sich schnellstmöglich anschließen zu lassen. Zudem wird ans durchschnittliches monatliches Einkommen pro Kunde und Monat von 38€ angenommen.[254] Insgesamt werden in der Kostenrechnung die Kosten der Nutzung von Kernkonstruktionsnetz, aktive Technik, das Anschlussnetz, sowie laufende Kosten für Vertrieb, Rechnungslegung und Erhalt bzw. Betrieb der Infrastrukturen berücksichtigt.[255] Des Weiteren wird grundsätzliche eine Leerrohverlegung angenommen, die zu höheren Verlegekosten führt.[256]

In di Sonnenlicht auf die Kosten im Detail eingegangen, sondern ihre Anteile an den monatlichen umgelegten Gesamtkosten bei einer angenommenen bundesweiten Penetration von 70% für die FTTH-Topologien PON und P2P mit und ohne Hausverkabelung dargestellt werden. Zudem soll zur Vollständigkeit eine Kombination zwischen PON und P2P vorgestellt werden, da diese die Vorteile beider Technologien vereint.[257]

---

[251] Vgl. Jay, Neumann, Plückebaum (2011), S. 8-9.
[252] Vgl. Ebenda, S. 17 f., S. 23.
[253] FTTR bedeutet hier den flächendeckenden Ausbau von Glasfaserinfrastruktur vom Hauptverteiler über den Kabelverzweiger bis hin zur Straße, wo eine Schnittstelle zur Verfügung steht, von welcher sich der entsprechende Hauseigentümer einen Anschluss von der Straße zum Haus legen lassen kann (vgl. Jay, Neumann, Plückebaum (2011), S. 21).
[254] Vgl. Jay, Neumann, Plückebaum (2011), S. 25 f.
[255] Vgl. Ebenda, S. 17-25.
[256] Vgl. Jay, Neumann, Plückebaum (2011), S. 19.
[257] Für genauere Informationen über PON über P2P siehe Jay, Neumann, Plückebaum (2011), S. 31.

	PON	PON & Haus	P2P	P2P & Haus	PON über P2P	PON über P2P & Haus
FTTR	54 %	51 %	51 %	48 %	53 %	51 %
Retail	13 %	13 %	12 %	12 %	13 %	12 %
Gebäudeanschluss	11 %	11 %	10 %	10 %	11%	11%
Endgerät	10 %	10 %	8 %	8 %	10 %	9 %
Aktive Technik im Hvt	2 %	2 %	8 %	8 %	2 %	1 %
Kern und Konzentrationsnetz	9 %	8 %	8 %	9 %	8 %	8 %
Hausverkabelung		5 %		5 %		5 %
Sonstige	1 %	1 %	2 %	2 %	3 %	3 %

Tabelle 3 Monatliche Kostenanteile an den Gesamtkosten bei 70 % Penetration.[258]

Wie auf Tabelle 3 zu erkennen ist, bilden die Investitionskosten der passiven Infrastruktur, in hellgrau dargestellt, mit 61 %- 67 % den Hauptanteil an den monatlichen Gesamtkosten. Gleich danach folgen die Investitionen in die aktive Infrastruktur, in dunkelgrau dargestellt, mit 10 % - 16 %. Offensichtlich nimmt der Anteil der Sunk Cost an den Kosten mit 71 %-83 % einen nicht unerheblichen Anteil an den Gesamtkosten ein.[259] Die laufenden Kosten für den Betrieb und indirekte Aufwendung, sowie Nutzungsentgelte aus Konzentrations- und Kernnetz betragen nur 22 %-23 %. Von diesen laufenden Kosten ist der größte Teil fix. Hieraus ergibt sich das der Breitbandzugang von fixen Investition und laufenden Fixkosten dominiert wird. Die Höhe der Datenmenge die pro Haushalt erhoben hat keinen erkennbaren Einfluss. Da die Kostenstruktur jetzt bekannt ist kann ist der nächste Schritt zu ermitteln, wie hoch der Wert der kritischen Penetrationsrate für die jeweiligen Cluster sind. Damit soll gezeigt werden, welche Regionen wettbewerblich erschlossen werden können und welche nicht. Bei einem angenommen ARPU von 38 € ergeben sich in einem Green- bzw. Brownfield-Roll-Out folgende kritische Penetrationsraten[260]

---

[258] Eigenen Darstellung, angelehnt an Jay, Neumann, Plückebaum (2011), S.47 - 48.
[259] Vgl. Jay, Neumann, Plückebaum (2011), S. 46-47.
[260] Vgl. 4.2.1.

Cluster	Anteil %	PON	PON & Haus	P2P	P2P & Haus	PON über P2P	PON über P2P & Haus
1	5	40%	47%	45%	54%	40%	48%
2	61	58%	54%	52%	51%	48%	56%
3	15	50%	58%	56%	67%	51%	59%
4	20	51%	58%	58%	67%	52%	60%
5	25	54%	61%	60%	70%	54%	62%
6	30	57%	65%	64%	75% (70%)	58%	66%
7	35	59%	67%	68%	78%	61%	69%
8	40	66%	73% (69%)	75%	86%	67%	76%
9	45	68%	75%	69	88%	69%	78%
10	50	75%	82%	86%	96%	77%	85%
11	55	76%	83%	87%	97%	78%	86%
12	60	78%	86%	90%	100%	80%	88%
13	65	81%	87%	93%		83%	91%
14	70	85%	91%	99%		88%	95%
15	75	86%	93%	99%		88%	96%
16	80	91%	94%			95%	99%
17	85	91%	94%			95%	99%
18	90						
19	95						
20	100						

Tabelle 4 Kritische Penetrationsraten der Teilnehmer im Green- bzw. Brownfield-Roll-Out.[261]

Wie in Tabelle 4 zu erkennen, steigt die kritische Penetrationsrate mit sinkendender Teilnehmerdichte. Dies ist auf den Dichtevorteil dicht besiedelter Regionen zurückzuführen. Zwar sind die Gesamtkosten für die dicht besiedelten Cluster höher, jedoch ist der notwendige Anteil, mit beispielsweise 40 % bei PON in Cluster 1, der notwendigen Nutzer zur Kostendeckung in dicht besiedelten Clustern deutlich niedriger als in weniger dicht besiedelten Regionen, wo die kritische Penetrationsrate 91 % im Cluster 16 liegt.[262]

Tabelle 4 das zeigt, dass die kritischen Penetrationsraten, je nach Technologie, bei einem Greenfield-Roll-Out, in hellgrün dargestellt, unterhalb der Cluster 5 bzw. 9 unter der maximal möglichen Penetrationsrate von 70 % liegen. Bei einem Brownfield-Roll-Out, in dunkel grün dargestellt, kann bei PON mit Hausverkabelung das Cluster 9 und bei P2P mit Hausverkabelung das Cluster 6 zusätzlich erschlossen werden. Die unterschiedlichen Erschließungsgrade ergeben sich durch den Mehrbedarf an Investitionskosten bei P2P in Hö-

[261] eigene Darstellung, angelehnt an Jay, Neumann, Plückebaum (2011), S. 50, S. 57.
[262] Vgl. 2.2.2, Jay, Neumann, Plückebaum (2011), S. 57.

he von ungefähr 3 Mrd. €. Die rot markierten Cluster, die mit einer Zahl versehen sind, sind jene deren Kosten oberhalb des ARPU bei einer Penetration von 70 % liegen und somit die kritische Penetrationsrate über der maximal möglichen Penetrationsrate von 70 % liegt. Die rot markierten Cluster in den sich keine Zahl befindet bedeuten, dass die Penetrationsrate, die notwendig wäre um die Kosten zu decken, oberhalb von 100 % liegt, was bedeutet das die Anzahl der Teilnehmer nicht ausreicht um die Infrastruktur in diesen Regionen auch bei voller Auslastung von 100 % zu erschließen. Die Dichtevorteile der hohen Teilnehmerzahl in dicht besiedelten Regionen erzeugen eine entsprechend niedrige Penetrationsrate. Für den Business Fall kommen nun die grün markierten Cluster in Frage, da durch die entsprechend niedrigen Penetrationsraten unterhalb von 70 %, die Unternehmen in der Lage die Infrastruktur in den entsprechende Cluster profitabel zu betreiben. Wie in der Tabelle jedoch zu erkennen ist der Betrieb bei einem vollständigen Infrastrukturausbau mit Hausverkabelung nur für 25 % bei P2P, und 35 % für PON und PON über P2P im Greenfield – Roll-Out und bei Nutzung vorhandener Infrastruktur 30% bei P2P und 40 % beim PON möglich, damit wäre nur ein Bruchteil der deutschen Bevölkerung abgedeckt. Würde man es den Hauseigentümern überlassen die Kosten ihrer Hausverkabelung selbst zu übernehmen, so könnten für jede Topologie zusätzlich zehn Prozent der Bevölkerung erschlossen werden. Insgesamt ist es mit keiner FTTH-Topologie möglich mehr als 50 % der Bevölkerung unter den angenommenen Bedingungen zu erschließen. Zwar ist die Reichweite von PON höher als P2P, jedoch hat sich gezeigt, dass die Hybridvariante PON über P2P ähnlich hohe Penetrationsraten und gleiche Reichweiten wie PON erzielt. Daher empfehlen Jay, Neumann, Plückebaum (2011) grundsätzlich in eine Punkt-zu-Punkt-Architektur zu investieren.[263] Bei gleichen Kosten und Erschließungsräumen können über P2P mehr zukünftige Vorteile durch höhere Bandbreiten gezogen werden.[264] Ein Grund für die hohen Kostenunterschiede zwischen den Clustern wird durch zwei entgegenläufige Effekte bedingt. Wie mit abnehmender Teilnehmerzahl steigt die Leitungslänge entsprechend an denen gegenüber sind aber mit abnehmender Teilnehmerzahl auch die Verlegekosten pro Meter in dünner besiedelten Regionen. Dies führt dazu, dass zwar die fällige Kosten pro Meter günstiger werden aber durch die höhere Anzahl an völlig der Strecke die Kosten entsprechend ansteigen.[265]

---

[263] Vgl. Jay, Neumann, Plückebaum (2011) S. 49, 3.2.3.
[264] Vgl. 3.2.2.
[265] Vgl. Doose Jay, Neumann, Plückebaum (2011), S. 44.

Durch eine Absenkung des ARPU von 38 € auf 35 € würde dazu führen, die Abdeckungs-reichweite zwischen zwei und vier Clustern sind. Dies entspricht einem Verlust an er-schlossen Haushalten von 10 bis 20 %.[266] Diese Veränderung wird auch in anderen Studien für leitungsgebundenen Technologien unabhängig von der jeweiligen Nation bestätigt.[267] So zeigt Elixmann et al (2008) das bei einer Erhöhung bzw. Reduzierung des ARPU die Erschließungsreichweite von leitungsgebundenen Technologien in allen Nationen entspre-chend erhöht bzw. verringert. Für Deutschland ermittelte Elixmann et al (2008) bei einem ARPU von 35 € eine Abdeckung von 2,4 % der Bevölkerung, bei 38, 5 € eine Abdeckung von18,5 % für P2P. Für PON konnte ein Abdeckung von 18,5 % bei 35 € und beinahe eine Abdeckung von 25,1 %, bei einem ARPU von 38,5 €, aller Haushalte, bei einer maximalen Penetrationsrate von 70 Prozentzeichen, erreicht werden. Somit ist der Festgelegte Preis auch unter Universaldienstbedingungen ein relevanter Faktor für die Abdeckung der Haus-halte ohne Universaldienstbedarf, da der Anteil der erreichbaren Haushalte mit sinkendem Preis fällt und entsprechend höhere Ausgleichszahlung getätigt werden müssen.[268] Zudem stellen die angenommenen Kosten einzelner Investitionsfaktoren einer enormen Einfluss dar. Bei einem Anstieg um 4% wäre der durchschnittliche Rückgang um fünf Prozent der Haushalte, die nicht mehr erschlossen werden könnten.[269] Folglich ist ein stärkerer Anstieg mit einem höheren Rückgang verbunden.

Weitaus höheren Einfluss hat wie bereits in Abschnitt 4.2.1 besprochen eine geringere ma-ximale Penetrationsrate. Reduziert man die maximale Penetrationsrate von 70 Prozentzei-chen auf 60 % so müssen die Gesamtkosten auf wenige Nutzer umgelegt werden was die Kosten pro Haushalt pro Monat deutlich erhöht. Dies wiederum hat zur Folge dass bei gleich bleibenden ARPU deutlich weniger Haushalte abgedeckt werden können. In diesem Fall nur noch 10 % aller in Deutschland befindlichen Haushalte erschlossen werden.[270] Eine Penetrationsrate für Glasfaser ist mit 70% durchaus realisierbar. Gerade in Bezug auf die Abnehmende Teilnehmerdichte könnte dieser Sogar ansteigen, sofern die Kabelnetzbe-treiber ihr Netz nicht erweitern. Somit wäre die Nutzung von Alternativen eingeschränkt

---

[266] Vgl. Jay, Neumann, Plückebaum (2011), S. 50.
[267] Vgl. Elixmann et al (2008), S. 119.
[268] Dieser Einfluss wird im Abschnitt 4.2.3 bei der Ermittlung einer möglichen Universaldienstlast veranschaulicht.
[269] Vgl. Jay, Neumann, Plückebaum (2011), S. 52-54.
[270] Vgl. Ebenda, S. 53 f.

und würde eine höhere maximale Penetrationsrate ermöglichen. Bei eine maximalen Penetrationsrate von 80 % könnte somit bis zu 60% aller Haushalte mit PON bzw. PON über P2P erschlossen werden.

In dem von Jay, Neumann, Plückebaum (2011) errechneten Modell ist unter Wettbewerb eine Glasfaserabdeckung von bis zu 45 % aller Haushalte möglich. Für diese Haushalte sind Breitbandkapazitäten von 100 MBit/s und mehr ohne weiteres verfügbar.

Die Reichweite kann zudem erhöht werden indem nur die „profitablen" 80% der jeweiligen Cluster mit FTTR versorgt werden. Dadurch würden die Kosten die durch das FTTR-Netz entstehen, deutlich abgesenkt und die kritische Penetrationsrate demensprechend auf ein geringeres Niveau gedrückt. Dadurch können unter Umständen weitere 5 % bis 10 % der Bevölkerung erschlossen werden.[271] Insgesamt haben Jay, Neumann, Plückebaum (2011) ermittelt, dass ein flächendeckender Ausbau mit FTTH ohne Hausverkabelung zwischen 69,31 Mrd. € und 72,78 Mrd. € und mit Hausverkabelung zwischen 74,35 Mrd. € und sieben 70, 82 Mrd. € kosten würde. Nicht einkalkuliert sind Verzögerungen durch externe Bedingungen wie Baustopp und die Verzögerung von Genehmigung.

Neben FTTH gibt es noch die Möglichkeit auf das kostengünstiger FTTC zurückzugreifen. Vorteile dieser Technologie sind das bereits Infrastrukturen in Form des bestehenden Telekommunikationsnetzes vorhanden sind und mitgenutzt werden können. Für die Ermittlung des FTTC-Ausbaus soll die Studie von Elixmann et al (2008) hinzugezogen werden. Dabei werden nur die Erschließungsmöglichkeiten eines First Mover betrachtet. Dabei ist zu unterscheiden, ob der First Mover als Monopolist, welcher die eigenen Infrastrukturen mit einzubeziehen kann, oder als Wettbewerber, der zusätzlich Infrastrukturen erstellen bzw. anmieten muss, auftritt.[272] Da dieses Modell als Basis für die vorhergehende Betrachtung gedient hat können die gleichen Annahmen über Modellen und Kostenrechnung getroffen werden. Ebenso wird angenommen dass die 100 % der Netzteilnehmer in den jeweiligen Clustern angeschlossen werden könnten.[273] Der realisierbare ARPU liegt zwischen 35€ und 38,5 € für Incumbent[274] und den Wettbewerber als First Mover.[275] Anders als bei Jay, Neumann, Plückebaum (2011) werden hier keine zusätzlichen bereits existierenden Infra-

---

[271] Vgl. Jay, Neumann, Plückebaum (2011), S. 73 f.
[272] Vgl. Elixmann et al (2008), S. 93f.
[273] Vgl. Doose, Elixmann, Jay (2009), S. 65, Elixmann et al (2008), S. 88.
[274] Der Incumbent ist der Netzmonopolist des betreffenden Netzes (vgl. Elixmann et al (2008), S. 93).
[275] Vgl. Elixmann et al (2008), S. 110.

strukturen in die Kostenberechnung mit einbezogen, womit der Brownfield-Ausbau und damit verbundene Kosteneinsparung hier nicht aufgezeigt werden können. Die OPEX werden nicht explizit aufgezeigt, was eine Nachvollziehbarkeit über die Vollständigkeit der laufenden Betriebskosten problematisiert.

Die Anzahl der möglichen Teilnehmer deckt sich mit der Annahme von Jay, Neumann, Plückebaum (2011) von 43 Mio. möglichen Teilnehmern. Anders ist jedoch wie bereits gezeigt die Aufteilung der Cluster. In dem Modell von Elixmann et al (2008) wird die Bevölkerung in 8 Cluster aufgeteilt. Zudem wird einen maximale Penetrationsrate von 80% angenommen.

| Cluster | Teilnehmer kum. | ARPU= 35 € | | ARPU= 38,5 € | ARPU= 31,5 € |
		Monopolist	Wettbewerber	Wettbewerber	Wettbewerber
1	0,30%	10%	15%	11%	22%
2	2,40%	15%	22%	16%	32%
3	13,70%	18%	26%	20%	38%
4	18,50%	20%	30%	22%	44%
5	25,10%	27%	39%	29%	57%
6	37,40%	34 %	48%	36%	71%
7	71,50%	78%	98%	74%	
8	100%				

Tabelle 5 Kritische Penetrationsraten für VDSL.[276]

Tabelle 5 zeigt die kritischen Penetration laden für die jeweiligen Cluster für den Monopolisten und einem Wettbewerber mit einem ARPU von 35 €, sowie den die kritischen Penetrationsraten für den Wettbewerber mit den ARPU's von 38,5€ und 31,5 €. Es fällt auf das im Monopolist gegenüber den Wettbewerber bei einem ARPU von 35 € eine deutlich geringere kritische Penetrationsrate in den Clustern 1 bis 7 besitzt. Dies ermöglicht es den Monopolisten mit einem deutlich geringeren Kundenanteil vernetzt profitabel zu betreiben. Der Wettbewerber hingegen muss mit abnehmender Teilnehmerdichte deutlich mehr Kunden erreichen damit seine Infrastruktur profitabel betreiben kann, da ihm entsprechende Vorleistungsprodukte fehlen.[277] Mit VDSL ist es dem Monopolisten bis zu 71,5 % der Fläche profitabel zu erschließen. Der Wettbewerber hingegen kann bei gleichen ARPU nur 37,4% aller Haushalte profitabel betreiben. Bei einem höheren ARPU von 38, 5 € ist es

---

[276] Vgl. Elixmann et al (2008), S. 113, S. 121.
[277] Vgl. Elixmann et al (2008), S. 110.

auch dem Mitbewerber möglich, die gleiche Menge an Haushalten profitabel zu erschließen. Bei einem reduzierten ARPU von 31,5 € ist es für den Wettbewerber nur noch möglich die Teilnehmer bis Cluster 6 profitabel zu erschließen, was einem Teilnehmeranteil von 37,4 % entspricht. Senkt man jedoch die maximale Penetrationsrate auf das Niveau von Jay, Neumann, Plückebaum (2011) von 70 % ist weder für den Monopolisten noch für den Wettbewerber möglich mehr als 37,4% der Teilnehmer zu erschließen.

Auffällig ist die Differenz der kritischen Penetrationsraten zwischen den Clustern 6 und 7. beim Monopolisten verdoppelt sich der notwendige Wert von 34 % auf 78 % und beim Wettbewerber erhöht er sich von 48 % um 50 % auf 98 %. Dies veranschaulicht zum einen deutlich die Dichtevorteile von hoher Teilnehmerdichte.[278] Obwohl sich der Großteil der Teilnehmer in diesem Segment befindet eine hohe Penetrationsrate zur Kostendeckung notwendig ist. Ein weiterer Faktor ist die physische Dämpfungseigenschaft der Kupferkabel, die die Kabellänge auf ein maximallänge festsetzt um nicht die Breitbandqualität einzuschränken. Dadurch ist die Leitungslänge der Glasfaser im Feedersegment deutlich erhöht, ebenso die Anzahl der Kabelverzweiger aufgrund der geringen Besiedlungsdichte im ländlichen Raum. Nach Doose, Elixmann, Jay (2009) beträgt der Anteil des Feedersegments ungefähr 60 % der gesamten Investitionen im ländlichen Bereich. Zudem befindet sich der Großteil der Kunden in diesem Cluster.[279]

Insgesamt ist durch die breite Aufteilung der Cluster, sowie die nicht einkalkulierten existierenden Infrastrukturen kritisch zu sehen da zum einen keine genaue Aussage über eine mögliche Abdeckung bei bestehenden Infrastrukturen. Jedoch kann man grundsätzlich annehmen, dass eine Erschließung mit FTTC eine höhere Abdeckung erreichen müsste als eine eben ermittelte Abdeckung unter FTTH, da unter Einbezug der vorhandenen Infrastrukturen die Investitionskosten für FTTC deutlich geringer ausfallen müssten.[280] Daher kann durchaus antizipiert werden das eine Erschließung von bis 80 % der Teilnehmer durchaus möglich sein könnte. Eine spätere Migration ist nach einer Studie von Analysys Mason (2008) mit einer teilweisen Weiternutzung der FTTC-Infrastruktur in der FTTH

---

[278] Vgl. 2.2.2.
[279] Vgl. Doose, Elixmann, Jay (2009), S. 69.
[280] Vgl. Ebenda, 70.

Architekturmit einem geringen Mehrkostenaufwand, durchaus möglich.[281] Die Kosten von Parallelbetrieb und Migration sollen hier jedoch nicht weiter berücksichtigt werden, da diese nicht Fokus dieser Arbeit ist.[282]

Wie beschrieben, können durch Glasfaser ungefähr 45% bis 50 % der Teilnehmer mit einer Bandbreite von 100 MBit/s und mehr versorgt werden. Hinzu kommen weitere 30 % bis 35% der Teilnehmer, die mit einer Leitungsgebundenen FTTC-Architektur mit Bandbreiten zwischen 50MBit/s und 100 MBit/s versorgt werden können. Doose, Elixmann, Jay (2009) haben für einen Ausbau von FTTH/P2P Gesamtkosten in Höhe von 117 Mrd. €[283] ermittelt. Dies entspricht einem bundesweiten Durchschnitt von 2746 €. Für FTTC liegen die Kosten für einen Vollausbau in Höhe von 41 Mrd. €. Daraus ergeben sich durchschnittliche Kosten von 958 € pro Haushalt.[284] Die restlichen 20 % der Teilnehmer befinden sich in Regionen, deren Teilnehmerdicht zu gering sind, als dass sie unter wettbewerblichen Umständen durch FTTH oder FTTC erschlossen werden würden. Jedoch existieren noch weiter Übertragungstechnologien, die ein Abdeckungs- bzw. Erschließungspotenzial für diese Regionen bieten können.

Ein Breitbandzugang über HFC nimmt eine gesonderte Rolle ein, da durch das ehemals historische Kabelnetz eine Infrastruktur für 28 Mio. Haushalte geschaffen worden ist.[285] Wie bereits in Abschnitt 3.2.2 gezeigt, besitzen Kabel Internetbetreiber den Vorteil bei Bedarf punktuelle Aufrüstung durch Aufgliederung der Cluster oder schrittweises Ersetzen die Koaxialkabeln durch Glasfaserleitung durchzuführen, um entsprechende Breitbandkapazitäten zu schaffen. Diese punktuellen Investitionen ermöglichen es den Breitband Anbietern diese Projekte aus dem aktuellen Cashflow zu finanzieren wodurch das entsprechende Risiko minimiert wird bzw. so gut wie nicht vorhanden ist. die Kosten einer Aufrüstung betreten zwischen 5- 10 € für bereits aufgerüstete Haushalte für ein DOCSIS 3.0 Upgrade und für noch nicht aufgerüstete Haushalte 190-240 € pro Haushalt zusätzlich kommt bei beiden ein entsprechend neues Kabelmodem hinzu.[286] Für eine Neuerschließung von Haushalten wird davon ausgegangen, dass die entstehenden Kosten denen eines

[281] Vgl. Analysys Mason (2008), S. 1.
[282] Vgl. Jay, Neumann, Plückebaum (2011), S. 17 f, Hoerning et al (2011), S. 103 ff.
[283] Der Gesamtkostenumfang ist auf Basis der Studie von Elixmann et al (2008) ermittelt worden und dient nur zur Veranschaulichung des Kostenverhältnis zwischen den Architekturen FTTH und FTTC (vgl. Doose, Elixmann, Jay (2009), S. 68 ff.).
[284] Vgl. Doose, Elixmann, Jay (2009), S. 68-74.
[285] Vgl. Baake, Pavel, Schumacher (2011), S. 28.
[286] Vgl. Büllingen et al (2012) S. 9 ff, Wichert-Nick et al (2011), S. 20 ff.

FTTH- Ausbaus entsprechen, dabei neue Verlegung in der Regel Deep Fibre verwendet wird.[287] durch die Ausbauziele der Kabelanbieter wird ein Wettbewerbsdruck auf die Telekommunikationsanbieter erzeugt, was unter anderem die Telekom dazu veranlasst hat durch Kooperationen und Ausbau FTTH-Architekturen zu verlegen und den Glasfaserausbau verstärkt voranzutreiben.[288] Daher eignet sich das Kabelinternet ebenso wenig wie FTTH um die restlichen 20% der Bevölkerung zu erschließen.

Insgesamt sind 98,7 % aller Teilnehmer mit einer Bandbreite mit 1MBit/s erschlossen. Bei den restlichen 700.000 Haushalten handelt es sich wahrscheinlich um sehr abseits gelegene Siedlungen bzw. einzelne Haushalte. Diese können grundsätzlich mit NT erschlossen werden. Da keine Studie über die Kostenstruktur eines LTE-Ausbaus verfügbar ist, ist es schwer konkrete Aussagen über Investition-und Betriebskosten sowie notwendige Penetrationsraten zu treffen. Aufgrund der in Kapitel 2.1.4 und 3.2.4 gewonnenen Erkenntnisse kann man durchaus bestimmte Annahmen treffen. Anstatt der kumulierten Zahlen von 43 Mio. potentiellen Teilnehmern kann im Mobilfunkbereich auf einen Teilnehmerzahl von 114,13 Mio. Teilnehmern zurückgegriffen werden. Diese Teilnehmer sind durch ihre Mobilität ungebunden was bedeutet, dass eine Abdeckung nicht rein auf bestimmte Regionen fest bezogen ist sondern anhand von Statistiken einer durchschnittlichen Teilnehmerzahl pro Fläche ermittelt werden muss. Neben den stationären Anwohnern, noch Pendler Reisende, Lieferanten und sonstige hinzu. Zudem muss berücksichtigt werden ob sich in der Funkzelle ein Flughafen, einer Autobahn, ein Bahnhof oder ähnliche Objekte befinden in denen sich große Ansammlung von Teilnehmern befinden können. Diese statistischen Messungen führen dazu dass auch in ländlichen Regionen höhere Teilnehmer pro Fläche existieren können.[289]

Zudem kann anhand des Aufbaus von Mobilfunkzellen eine mögliche Kostenstruktur ermittelt werden. Da es sich um einen Funktechnologie handelt kann angenommen werden, dass die Kosten für Leitungsverlegung im Feeder und Dropsegment, sowie für die passive Infrastruktur, abgesehen von der Errichtung eines Mobilfunkmastes, entfallen. Daher wird die wird die aktive Infrastruktur, wie Sende- und Empfangsmodule, Antennen und Transformatoren, der Hauptkostenträger an den Gesamtinvestitionen sein. Für LTE-Anlagen

---

[287] Vgl. Büllingen et al (2012), S. 29 f.
[288] Vgl. Ebenda, S. 16.
[289] Vgl. Hackbarth, Ilic, Neu (2011), S. 5 ff.

gibt Nokia Siemens Networks (2010) einen Preis von 400.000€, mit 8 Jahren Abschrei-
bungszeit, als CAPEX und einen OPEX zwischen 8.000 € und 80.000€ als Richtwerte an.
Die jährliche OPEX setzen sich aus den Energiekosten, WACC, gegebenenfalls Miete der
Station, Mietkosten für die Leitungen, Gebühren für das Kernnetz und Wartungskosten für
Soft-und Hardware zusammen.[290] Auf monatliche Kosten umgerechnet ergeben sich monatliche Investitionskosten in Höhe von 4.167 € und Betriebskosten zwischen 667 und
6.667 €. Somit könnte die monatlichen Kosten pro Funkzelle zwischen 4.834 € bei
schwach ausgelasteten Funkzellen und 10.834 €. Zudem müssen noch die Kosten des Preises für die ersteigerten Frequenzen in die Kostenrechnung mit einbezogen werden.

Da es sich bei Mobilfunk, wie bei HFC, um ein *shared medium* handelt muss berücksichtig
werden, dass nur eine begrenzte Anzahl von Teilnehmern pro Funkzelle zugelassen ist, um
so die entsprechende Verbindungqualität zu erhalten. Gleichzeitig müssen genug Teilnehmer vorhanden sein um die Kosten für den Betrieb einer Basisstation zu decken. Gerade in
dünn besiedelten Bereichen wie den Clustern 16 bis 20 von Jay, Neumann, Plückebaum
(2011) kann dies zu Problemen führen. Durch die Reichweite von bis zu zehn Kilometern
von LTE Stationen im 800-MHz- Bereich wird das Problem von dünn besiedelten Regionen ausgeglichen.[291] Da zum einen eine größere Fläche mit, gegebenenfalls unterschiedlichen Teilnehmer dichten, mit einer Basisstation abgedeckt wird. Zudem werden mobile
Nutzer innerhalb der Funkzellen statistisch erfasst und mit einkalkuliert.

Das somit ist die Versorgung von ländlichen Regionen die sich mit leitungsgebundenen
Technologien nicht erschließen lassen durchaus mit LTE gewährleistet, da wie bereits ge-
zeigt die Gesamtkosten deutlich unter denen der leitungsgebundenen Technologien liegen.
Zudem lebt Mobilfunk und damit auch mobile Datennutzung davon, dass sie überall in
Deutschland für ihre Kunden verfügbar ist. Ein Mobilfunknetz was sich nur auf einen gewissen Raum beschränkt würde für ein Großteil der Nutzer unbrauchbar, da sich quer
durch Deutschland bewegen und daher ein flächendeckendes Netz zum Austausch von
Informationen benötigen. Daher werden sie immer zu dem Anbieter wechseln der ein flächendeckendes Mobilfunknetz mit entsprechender Verbindungsqualität besitzt.

---

[290] Vgl. Nokia Siemens Networks (2010),S. 7, Hackbarth, Ilic, Neu (2011), S 88 ff.
[291] Vgl. 3.2.4.

Durch den steigenden Anteil von mobilen Datengeräten und Handynutzer wird sich ein entsprechender Bedarf an mobiler Bandbreite ergeben.[292]Dies deckt sich auch mit den Aussagen von Vodafone angekündigt haben bis 2013 ein flächendeckendes LTE- Netz zu errichten.[293]

Zusammenfassend wurde gezeigt, dass leitungsgebundenen Technologien aufgrund der hohen Sunk Costs der Investitionen und Dichtenachteile der abnehmenden Teilnehmerdichte in schwach besiedelten Regionen nicht in der Lage sind einen profitablen flächendeckenden Breitband Versorgung herzustellen. Jedoch ist mit dem Einsatz mit den unterschiedlichen Technologien in einem Technologiemix ein flächendeckender Ausbau möglich. Zudem existiert ein entsprechend hoher Wettbewerbsdruck, der einen Breitbandausbau von sich heraus vorantreiben wird. Ebenso können ländliche Regionen mit Bandbreiten von mindestens 1 MBit/s und höher versorgt werden. Die derzeitige Bandbreite von LTE umfasst Kapazitäten von 1,3 MBit/s bis 13 MBit/s Download und 720 kBit/s bis 7 MBit/s im Upload-Bereich.[294] Grundsätzlich sind diese zum derzeitigen Zeitpunkt mehr als ausreichend um alle gängigen Dienste, die im Internet verfügbar sind mit angemessener Qualität nutzen zu können. Allerdings kann ein steigender Breitbandbedarf durch neue Internetdienste und damit einhergehender Universaldienst dazu führen, dass die geforderte Bandbreite oberhalb der möglichen Bandbreite liegt, die mit LTE realisierbar sind. In einem solchen Fall wären die ehemals mit LTE versorgten Region unterversorgt und müssten würden so unter den Universaldienstmechanismus fallen. Welche Kostenstruktur soll im nächsten Abschnitt aufgezeigt werden.

4.2.3 Kosten der Breitbanduniversaldienstverpflichtung

Für den Fall, dass ein Universaldienst im Breitbandsektor errichtet wird und Regionen identifiziert werden die nicht den Mindeststandard der Universaldienstqualität erfüllen bzw. die Universaldienstpreise unterhalb der Wettbewerbspreise liegen werden entsprechende Investitionen bzw. Subventionen notwendig um die auftretenden Kosten decken zu

---

[292] Vgl. 3.1, Bundesnetzagentur (2012), S.
[293] Vgl. Bundesnetzagentur (2011), S. 60, teltarif.de (2010).
[294] Vgl. Fettweis (2011), S. 40 f, NGA-Forum (2011a), S. 62.

können. Wie im vorherigen Abschnitt gezeigt werden primär die Regionen betroffen sein, die über eine zu geringe Teilnehmerdicht verfügen um wettbewerblich erschlossen zu werden.

Grundsätzlich sind die durch Universaldienst erzeugten Infrastrukturkosten jene, die entstehen, wenn in der betroffenen Region unter Wettbewerbsbedingungen Infrastrukturen existieren bzw. erbaut werden, die nur Bandbreiten zur Verfügung stellen können, die unter der politisch geforderten Bandbreite liegen. Die Kostendifferenz zwischen den Infrastrukturkosten unter Wettbewerbsbedingungen und denen unter Universaldienstverpflichtung sind die zusätzlichen Kosten einer Universaldienstverpflichtung im Infrastrukturbereich.[295] Zusätzlich zu diesen Kosten fallen die Transaktionskosten des Universaldienstmechanismus an, wobei zur Vereinfachung angenommen wird, dass diese gegenüber den Infrastrukturkosten verhältnismäßig gering sind.

Panzar (2000) zeigt, dass die Kosten des Universaldienstes in Abhängigkeit der festgelegten Netzqualität und des staatlich festgesetzten Preises entstehen. Die sich daraus ergebenden Kosten sind in zwei Gruppen aufzuteilen. Zum einen sind es die Kosten der Infrastruktur die flächendeckend bereit stehen muss, um die entsprechende Universaldienstqualität zu erfüllen. Zum anderen sind es die verlorenen Einnahmen die sich durch eine staatliche Preissetzung ergeben, sofern der festgesetzte Preis unter den bisherigen Marktpreis liegt.[296] Bei Festlegung einer Mindestqualität ist davon auszugehen, dass die Universaldienstqualität Q_{USO} mindestens auf dem Qualitätsniveau des Marktes M festgelegt wird:

(4)
$$Q_{USO} \geq M$$

Formel 4 Breitbandqualität.

Befinden sich das Qualitätsniveau des Universaldienstes auf dem gleichen Qualitätsniveau des Marktes so gilt:

(5)
$$IC_{USO} = C(TC, Q_{USO}) - C(M) = TC$$

Formel 5 Kostendifferenz zwischen Universaldienst und Wettbewerb.

---

[295] Vgl. Panzar (2000), S. 213 f.
[296] Vgl. Panzar (2000), 213 ff.

Bei gleichem Qualitätsniveau zwischen einem Universaldienstnetz und einer Infrastruktur die durch wettbewerbliche Mechanismen sind die Kosten für die Netze identisch. Jedoch belaufen sich die Differenzkosten bei gleicher Qualität der Netze auf Höhe der Transaktionskosten, die durch den Universaldienstmechanismus entstehen.[297] Liegt die geforderte Mindestqualität des Universaldienstes über den über dem des Marktes, so entstehen zusätzliche Infrastrukturkosten um die Teilnehmer, die nicht mit der Qualität versorgt werden, mit entsprechender Infrastruktur auszustatten.[298]

Ebenso kann angenommen werden dass der staatlich festgesetzte Preis entweder gleich bzw. unterhalb des Marktpreises festgelegt wird. Eine Abwälzung der Kosten, die über dem Profitabilitätsniveau auf die Endkundenpreise, wird durch gesetzliche Begrenzung der Endkundenpreise auf p_{USO} verhindert.[299] Ein Preis der oberhalb eines durch Wettbewerb entstandenen Gleichgewichtspreises liegt würde zudem dazu führen, dass weniger Nutzer die Dienstleistung in Anspruch nehmen als bisher, was zu Ineffizienzen und Wohlfahrtsverlust führt. Zudem ist eine Preiserhöhung in Verbindung von zusätzlichen Abgaben zur Refinanzierung der Infrastruktur verfassungsrechtlich problematisch da dies mit verschiedenen verfassungsrechtlichen Sonderabgabenrechtsprechungen in Konflikt gerät.[300] Daher kann angenommen werden, dass eine mögliche staatliche Preissetzung entweder dem Marktniveau entspricht oder aus sozialpolitischen Motiven niedriger angesetzt wird. Bei höherer Preissetzung steigt die Wahrscheinlichkeit, dass weniger Nutzer einen Anschluss in Anspruch nehmen, wodurch die Erlöse um die Kosten decken zu können entsprechend absinken.[301] Dadurch würden das mögliche Defizit in der Deckungssumme[302] entsprechend höher ausfallen. Zur Veranschaulichung soll der Marktpreis den durchschnittlich möglichen Einnahmen pro Kunde pro Monat entsprechen.

$$(6) \qquad p_{USO} \leq ARPU$$

Formel 6 Universaldienstpreissetzung.

---

[297] Vgl. 4.1.3.
[298] Vgl. Panzar (2000),S. 214 f.
[299] Vgl. Barke, Pavel, Schumacher (2011), S. 69.
[300] Vgl. Barke, Pavel, Schumacher (2011), S. 84.
[301] Vgl. Ebenda, S. 42.
[302] Die Deckungssumme ergibt sich aus der Verrechnung entstehender Kosten des Qualitätsniveaus mit den generierten Einnahmen der Nutzer(vgl. Baake, Parvel, Schumacher (2011), S. 31).

Für den Universaldienst ergeben sich vier mögliche Fälle, die in der folgenden Tabelle aufgeführt werden. Dabei wird zur Vereinfachung angenommen, dass die Auslastung der Haushalte bei 100% liegt. Im monatlichen Kosten, die ein Universaldienst erzeugt an.

	$p_{USO} <$ ARPU	$p_{USO} =$ ARPU
$Q_{USO} = M$	$L = R_{USO} - IC_{USO}$ $= -\sum (ARPU - p_{USO}) - TC$	$L = R_{USO} - IC_{USO}$ $= 0 - TC$
$Q_{USO} > M$	$L = R_{USO} - IC_{USO}$ $= -\sum (ARPU - p_{USO}) - IC_{USO}(Q_{USO}) - TC$	$L = L = R_{USO} - IC_{USO}$ $= 0 - IC_{USO}(Q_{USO}) - TC$

Tabelle 6 Kostendifferenz zwischen Universaldienst und Wettbewerb. [303]

Tabelle 6 zeigt vier unterschiedliche Fälle, die durch Festlegung von Universaldienst entstehen können. Im ersten Fall (oben rechts) entsprechen Breitband Qualität und staatlich festgesetzter Preis der Qualität und dem durchschnittlichen Einnahmen pro Kunde und Monat des Marktes. Da die Kosten für die Infrastruktur unter Universaldienstbedingung, die gleichen sind wie unter Marktbedingungen, entstehen keine zusätzlichen Infrastrukturkosten. Ebenso ist kein entgangener Gewinn zu verzeichnen, da der Universaldienstpreis dem Marktpreis entspricht. Die sich ergebende Universaldienstlast beläuft sich auf die Transaktionskosten, die durch die Etablierung des Universaldienstes entstanden sind. Im zweiten Fall (oben links) bleibt die Breitband Qualität auf Marktniveau, dafür sind der Universaldienstpreis unterhalb des Marktpreises. Zusätzlich zu den Transaktionskosten kommen **TC** nun auch die Kosten der verlorenen Einnahmen in Höhe der kumulierten Differenz zwischen **ARPU** und p_{USO} hinzu. Der dritte Fall (unten rechts) beschreibt eine Breitbandqualität die über dem Marktniveau liegt, bei einem festgelegten Preis der dem Marktpreis entspricht. Die daraus resultierende Universaldienstlast besteht nun aus den Kosten der Infrastruktur und die notwendige Breitband Qualität bereitzustellen und den Transaktionskosten. Im Fall vier (unten links) werden zusätzlich zu den Kosten im Fall drei der festgesetzte Preis unterhalb des Marktpreises festgesetzt. Hier entsteht die größte Universaldienstlast bestehend aus verlorenen Einnahmen in Höhe der kumulierten Differenz von Marktpreis und festgesetzten Preis, den Infrastrukturkosten der entsprechenden Breitbandqualität und den Transaktionskosten des Universaldienstmechanismus. Die Infrastrukturkosten für die Universaldienstqualität gilt immer für einen flächendeckenden Aus-

---

[303] Eigene Darstellung, angelehnt an Panzar (2000), S. 213 f.

bau, was bedeutet, alle potentiellen Teilnehmer mit Infrastruktur ausgestattet werden müssen. Anders verhält es sich bei einer entsprechenden Preissetzung. Bei niedrigeren Penetrationsraten muss nur der Anteil des entgangenen Gewinns für die bereits erschlossenen Nutzer in die Kostenrechnung mit einkalkuliert werden.[304] Den kalkulierten Gesamtkosten werden die zusätzlichen Einnahmen durch die hinzugekommenen Nutzer entgegengerechnet.[305] Die Höhe der Transaktionskosten nimmt im Vergleich zu den entgangenen Einnahmen bzw. Infrastrukturkosten nur einen geringen Anteil auf die gesamte Universaldienstlast ein. Bei einem kostenlosen Breitbandzugang liegen die entgangenen Gewinne im Umfang der Teilnehmer in Höhe von 43 Mio. multipliziert mit dem ARPU. Durch steigende Universaldienstqualität nimmt der Anteil der dadurch erzeugten Infrastrukturkosten an der Universaldienstlast deutlich zu. Dabei steigen die Kosten pro Teilnehmer auf das entsprechende Qualitätsniveau. Mit höheren Bandbreiten wird der kostengünstige Betrieb von LTE-Netzen als Option für eine Breitbandversorgung erstes wegfallen, da mit steigender Breitbandanforderung die Funkzellen kleiner werden müssten, um die entsprechenden Bandbreitekapazitäten vorhalten zu können. Dies würde zu deutlich höheren Kosten für den LTE-Betrieb führen. Ab einer bestimmten Mindestqualität wäre man mit LTE nicht mehr in der Lage die geforderte Universaldienstqualität vorzuhalten.[306] Dadurch verbleiben nur noch die leitungsgebundenen Übertragungsmöglichkeiten als Optionen auf für eine entsprechende Universaldienstinfrastruktur. So müssten die unterversorgten Haushalte mit leitungsgebundenen Technologien erschlossen werden, die bereits bei der gleichen Menge der Haushalte deutlich höherer Kosten, durch die umfangreiche passive Infrastruktur, aufweisen.[307] Ebenso haben Baake, Pavel, Schumacher (2011) für die Erschließung von 3,8 Mio. Haushalte[308] bei einer Breitbandqualität von 2 MBit/s Kosten in Höhe von 1,05 Mrd. € bei leitungsgebundener Übertragungstechnologie und 540 Mio. € bei Nutzung von LTE als Übertragungstechnik ermittelt. Liegt die minimale Bandbreite des Universaldienstes bei 6 MBit/s, so steigen die Kosten für die Erschließung auf 3,65 Mrd. € an. Zudem errechneten sie, dass bei 2 MBit/s dass durch die Einnahmen der zusätzlichen Nutzer ein Defizit in Höhe von 160 Mio. € für leitungsgebundene Übertragung und 67 Mio. € bei LTE[309]entsteht. Für einen 6 MBit/ Anschluss wurde ein Defizit von 829 Mio. € ermittelt. Eine Ab-

---

[304] Vgl. Panzar (2000), S. 213 ff.
[305] Vgl. Formel (3).
[306] Vgl. 3.2.4.
[307] Vgl. 4.2.2.
[308] Vgl. Baake, Pavel, Schumacher (2011), S. 30.
[309] Unter der Annahme von einer Penetrationsrate von 48% der zusätzlichen Teilnehmer zu einem Preis von 12 €(Vgl. Baake, Pavel, Schumacher (2011), S. 31).

deckung mit LTE wird bereits ab 6 MBit/s nach Baake, Pavel, Schumacher (2011) ausgeschlossen.[310] Diese Berechnung deckt sich mit den zuvor getroffenen Annahmen über steigenden Qualitätskosten. Zu kritisieren ist, dass hierbei mit durchschnittlichen Kostenwerten von Doose, Elixmann, Jay (2009) gerechnet wird die auf Grund ihre groben Cluster zu deutlich niedrigeren Durchschnittswerten für die Kosten pro Haushalt und Monat gelangen, als sie es bei einer präziseren Clusterung wie von Jay, Neumann, Plückebaum (2011) wären.

Ebenso wäre bei dem Qualitätskriterium einer symmetrische Bandbreite mit steigenden Mindestbandbreiten auch die Existenz des Kabelnetzes gefährdet, da das derzeitige Kabelnetz nur asymmetrische Bandbreiten bereithält und entsprechende Investitionen notwendig wären und diese Kapazitäten anzugleichen. Dies ist besonders relevant, da alle Haushalte die über einen Kabelanschluss verfügen mit Ende 2012/ Anfang 2013 potenziell über einen Breitbandanschluss von 100 MBit/s im Downloadbereich verfügen. Würde das Kabelinternet als Anschlussoption wegfallen, so wäre eine Breitbandinfrastruktur für rund 25 Mio. Haushalte obsolet oder müsste mit zusätzlichen Investitionen aufgerüstet werden.[311]

Zusätzlich steigt mit steigender Qualität an die Bandbreite auch der Anteil der Unversorgten Haushalte an. Mit den steigenden Qualitätskosten nimmt auch die Zahl der unterversorgten Haushalte, wie in Tabelle 1 aufgezeigt, mit steigender Bandbreite zu. Dadurch werden die Gesamtkosten des Universaldienstes zusätzlich erhöht. Bei einer Abdeckung von 1 MBit/s müssten rund 700.000 Teilnehmer entspricht, was 1,3 % der unversorgten Haushalt entspricht. Steigt die Mindestqualität auf 2 MBit/s, so müssen noch 5,7% der Teilnehmer mit einer entsprechenden Bandbreite Versorgt werden. Bei 6 MBit/s müssen noch weitere 15,5 % aller Teilnehmer angeschlossen werden. Bei einer Mindestqualität die eine Bandbreite von 50 MBit/s erfordert müssten derzeit 59,4 % der Teilnehmer angeschlossen werden. Nimmt man an dass, bis Ende 2012 die Aufrüstung der Kabelnetze für 25 Mio. Teilnehmer abgeschlossen ist,[312] so müssten die maximal verbleibenden 18 Mio. Teilnehmer immer noch mit einer Entsprechenden Infrastruktur versorgt werden.[313]
Unter der Annahme, eines komplett neuen flächendeckenden Glasfaserausbaus haben Jay, Neumann, Plückebaum (2011) ermittelt, dass unter Einbezug aller Gewinne zur Quersub-

---

[310] Vgl. Baake, Pavel, Schumacher (2011), S. 30 ff.
[311] Vgl. 3.1, 3.2.2, Bülling et al (2012), S. 8, S. 17 ff.
[312] Vgl. Bülling et al (2012), S. 8 f.
[313] Vgl. Bundesnetzagentur (2011), S. 93, Breitband-Atlas (2012a), S. 12 ff.

ventionierung der defizitären Cluster eine Subvention von einmalig 11,15 Mrd. € bis 16, 89 Mrd. € und monatlich 20 Mio. € bis 30 Mio. € notwendig seien, um flächendeckendes FTTH-Netz betreiben zu können. [314] Bei einem geringeren Preis von 35€ und einer maximalen Penetrationsrate von 65% die steigt der Finanzierungsbedarf auf 27 Mrd. €. Bei einem sinken Anteile der Penetrationsraten, sinken die Gesamteinahmen um den Anteil der entgangenen Nutzer. Bei einer Penetration von 60% bei einem Preis von 38 € liegt der Finanzierungsbedarf bei 27 Mrd. €.[315] Sowohl eine Preisveränderung als auch eine Einnahmenveränderung durch Nutzer erhöht den Finanzierungsbedarf in einem nicht unerheblichen Umfang. Würde folglich weniger Kunden als angenommen die Universaldienstinfrastruktur Nutzen wären die Kosten ungleich höher. Eine Qualitätssteigerung mit niedrigeren Preisen und einem kleineren Kundenanteil steigert die Kosten im Universaldienstfall erheblich, da im insgesamt weniger Teilnehmer vorhanden sind die entsprechende Einnahmen zu Finanzierung der Infrastruktur Breitstellen. Grundsätzlich kann man annehmen das bei Bereitstellung der Infrastruktur der Preis nicht staatlich festgelegt wird, wenn der Zugang des Infrastruktur entbündelt angeboten werden muss, da sich die Finanzierung der Infrastruktur primär über die Netzzugangsgebühren ergibt, welche unterhalb der Dienstleistungspreise liegt. Fraglich ist ob dieses positiv beurteilt werden kann, da dies gegebenenfalls die zu erbringenden Kompensationszahlungen erhöht.[316]

Zusammenfassend erzeugt Universaldienst Kosten, die minimal in Höhe von Transaktionskosten entstehen und mit steigenden Universaldienstqualität und sinkenden Universaldienstpreis ansteigen. Zudem hat eine Veränderung der maximalen Penetration enormen Einfluss auf die entstehenden Kosten. Der Einfluss durch die festgelegt Universaldienstqualität besonders hoch da durch sie mit steigender Qualität günstige Technologien nach nach wegfallen und der Anteil der Unterversorgten Teilnehmer mit steigender Qualität ansteigt. Dadurch steigen die Qualitätskosten überproportional an.

---

[314] Unter der Annahmen dass der ARPU bei 38 € liegt und die Penetrationsrate bei 70 % liegt(vgl. Jay, Neumann, Plückebaum (2011), S. 71.)
[315] Vgl. Jay, Neumann, Plückebaum (2011), S.70
[316] Vgl. Baake, Pavel, Schumacher (2011), S.34 ff.

Neben den Universaldienstkosten und der möglichen Einnahmen ist es notwendig den zusätzliche Nutzen, der durch Universaldienst erzeugt wird in die Betrachtung mit einzubeziehen, um eine vollständige Bewertung über die Etablierung eines Universaldienstes abgeben zu können. Dabei sollen die bereits vorhandenen Erkenntnisse der vorherigen Abschnitte miteinbezogen werden.

5 Nutzen eines Breitband-Universaldienstes

Telekommunikation erzeugt grundsätzlich positive externe Effekte für die gesamte Wirtschaft. Insbesondere Breitband ermöglicht es die Kosten von Informationsaustausch zu verringern und damit als general purpose technology.[317] Grundsätzlich existiert einen Zusammenhang zwischen wirtschaftlichen Wachstum und Zahl der Telefonanschlüsse bzw. Internetanschluss.[318] auf diese Weise können Unternehmen durch Breitband ihre Produktivität deutlich steigern und Kosten einsparen. Zudem ermöglicht der Austausch von Information Volumina neue Geschäftsmodelle und Unternehmenskooperationen. Insgesamt ist zu erwarten ist es den Wettbewerb in den davon profitieren Bereichen steigert und somit auch eine verstärkte Innovationsaktivität erzeugt.[319] Somit bildet die Existenz eines Internetanschlusses mit angemessener Bandbreite einen wichtigen Standortfaktor für neue Industrien.[320] Mit der mit der Erweiterung der Infrastruktur durch den flächendeckenden Breitband Ausbau werden zusätzliche Haushalte angeschlossen welche zusätzliche positive externe dritten erzeugen. Nach Baake, Pavel, Schuhmacher (2011) werden durch die flächendeckenden Erschließung zusätzliche Wohlfahrt aus online Versand und virtuelle Dienstleistungen erzeugt.[321] Nach Elsenbast (1999), gehören externe Effekte zu jenen ökonomischen Argumenten, die eine Etablierung von Universaldienstrechtfertigen können.[322] Nach Baake, Pavel, Schumacher (2011), ist davon auszugehen dass Breitbandinvestitionen in hohe Bandbreiten, in dichter besiedelten Region höhere Auswirkung auf die Innovationsaktivität und das Wirtschaftswachstum haben, als ein flächendeckendes Ausbau niedriger Breitbandgeschwindigkeiten. Die Einführung eines Universaldienstes wird auch damit begründet, dass Argumenten aus dem flächendeckenden Breitbandausbau von Universal-

---

[317] Vgl. Baake, Pavel, Schumacher (2011), S. 36, Heuermann (1999), S. 121.
[318] Vgl. Heuermann (1999), S. 104, S. 119 ff., Baake, Pavel, Schumacher (2011), S. 36.
[319] Vgl. Baake, Pavel, Schuhmacher (2011), S. 36.
[320] Vgl. Heuermann (1999), S. 120ff.
[321] Vgl. Baake, Pavel, Schuhmacher (2011), S. 36.
[322] Vgl. Elsenbast (1999),

dienst positive zusätzliche externe Effekte[323] erzeugen. Da sich der Universaldienst sich im Schwerpunkt auf die Erschließung ländlichen Regionen konzentriertso ist nach Katz gerade in diese Regionen die Schaffung von neuen Arbeitsplätzen höher, da in bereits erschlossenen Regionen die positiven externen Effekte absinken. Dieser Aufholeffekt führt dazu, dass in Regionen mit geringer Teilnehmerdichte mit einem signifikanten Anstieg von Arbeitsplätzen und wirtschaftlichen Wachstum zu rechnen sei.[324] Diese Argumentation ist als eher einseitig zu betrachten. Zwar profitieren Unternehmen durch eine höher Bandbreiten von einer höheren Innovationsproduktivität, jedoch werden Innovationen durch Forschung und Entwicklung vorangetrieben. Dieser Bereich Wiederum benötigt Fachkräfte, die wiederum eine entsprechende Bildungsinfrastruktur voraussetzen. Daher ist die Wahrscheinlichkeit, dass ein innovationsstarkes Unternehmen sich in schwach besiedelte Regionen etabliert gering, da hier die Verfügbarkeit von Fachkräften eher gering ist. Dies wird zudem verstärkt durch den Binnenmigrationseffekt, welcher in Abschnitt 3.3 beschrieben worden ist. Grundsätzlich siedeln sich die Haushalt von infrastrukturschwachen zu infrastrukturstarken Regionen über. Trotz umfangreichen Investitionsmaßnahmen für Wiederaufbau der Infrastrukturen Ostdeutschland haben nicht dazu geführt das einen Abwanderung aus den neuen Bundesländern in Regionen wie Hamburg und andere Infrastrukturstarke Regionen verhindert wird.[325] Somit würde allein die Verlegung einer Breitbandinfrastruktur weniger positive Externalitäten erzeugen als Katz et al (2009) annehmen.

Ein weiteres Argument von Katz et al(2009) sowie Czernich et al (2011) ist, durch Erhöhung der Breitbandpenetration BIP-Wachstum ergibt. Dieses ergaben sich zum einen aus den mit Glasfaserausbau verbunden Wertschöpfungen wie Bauarbeiten und Errichtung der Verteilersysteme. Zum anderen resultieren aus den zusätzlichen Anschlussnehmern neue Konsumpotentiale und eine erhöhte Gesamtproduktion, sowie daraus resultierende Exporte indirekte Effekt die die Wohlfahrt erhöhen.[326] Baake, Pavel, ,Schumacher (2011) haben anhand dieser Daten ermittelt, dass ein Breitbandausbau mit einer Bandbreite von 2 Mbit/s ein Wohlfahrtswachstum von 1,170 Mrd. € bei leitungsgebundenen Ausbau generieren würde. Bei einen Ausbau von 6 MBit/s würde das Wohlfahrtswachstum 4,07 Mrd. € betragen. Verrechnet mit den entstehenden Kosten für den Ausbau von 1,05 Mrd. € (2

---

[323] Externe Effekte liegen vor, wenn durch die Nutzung eines Gutes, wie dem Internet, zusätzlicher Nutzen entsteht, welcher nicht in die Angebots bzw. Nachfragefunktion in kanalisiert ist (vgl. Katz, Shapiro (1985), S. 424).
[324] Katz et al (2009), S. 17.
[325] Vgl. Statistisches Bundesamt (2012a), S. 19, S. 32-35, S. 57, Flöthmann (1999), S. 14 f.
[326] Vgl. Katz et al (2009), S. 14 ff.

MBit/s) und 3,65 Mrd. € (6 Mbit/s) ergibt sich eine Wohlfahrtssteigerung von 120 Mio. € (2 MBit/s) bzw. 420 Mio. € (6 Mbit/s)[327] Da, die Kosten mit hoher Wahrscheinlichkeit zu niedrig angesetzt sind[328] marginalisieren sich die Wohlfahrtsgewinne durch höher Kosten der der Infrastruktur. Bei einer Universaldienstverpflichtung müssten zudem die Kosten des Universaldienstmechanismus internalisiert werden. So kann ein Wohlfahrtsgewinn für die Erschließung des ländlichen Raum durch aus existent sein. Vergleicht man diesen Wohlfahrtsgewinn mit einem möglichen gesamtwirtschaftlichen Wachstum durch Breitbanderhöhung von 4,9 Mrd € bis 8,2 Mrd. €[329] so ist der zusätzliche Nutzen durch die Erschließung des ländlichen Raumes mit hoher Bandbreite eher gering. Dieses marginale Wachstum was auf Grund des abnehmenden Grenznutzen und ansteigenden Grenzkosten zurückzuführen, wodurch der gesamtwirtschaftliche Nutzen durch den Anschluss weiterer Gebiete mit weniger Einkommenspotential und steigenden Erschließungskosten auf Grund der sinkenden Teilnehmerdichte abnimmt.[330] Grundsätzlich es jedoch nur schwer möglich die resultierenden Effekt durch eine Breitbanderhöhung zu erfassen.

Grundsätzlich ist die Etablierung eines Universaldienstes kritisch zu betrachten, da bei zu hoch angesetzten Universaldienstqualität, die entstehenden Kosten höher sind als, die daraus Profite.

---

[327] Vgl. Baake, Pavel, Schumacher (2011), S. 40f.
[328] Vgl. 4.2.3.
[329] Vgl. Baake, Pavel, Schumacher (2011), S. 38
[330] Vgl. 2.2.2.

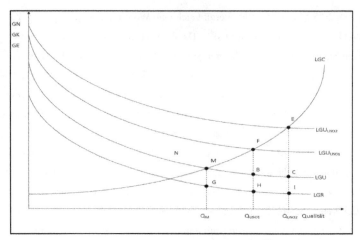

Abbildung 8 Grenzkosten-Grenznutzen-Vergleich.[331]

Abbildung 8 wie sich infrastrukturbedingte langfristige Grenzkosten **LGC** , langfristige Grenznutzen **LGU** und langfristige Grenzertrag **LGR** mit steigender Qualität Q verhalten. Mit einer bei einer Qualität von Q_M liegen die Kosten der Netzqualität gleich auf den langfristigen Grenznutzen, der sich aus den externen Effekten der Infrastruktur der Qualität Q_M, so dass die resultierende Wohlfahrt maximal genutzt wird. Dieses Niveau kann durchaus für die derzeitige Wettbewerbssituation angenommen werden angenommen werden. Befindet der Staat das derzeitige Qualitätsniveau als zu niedrig, da er annimmt dass der langfristige Grenznutzen höher ist und in Form von **LGU**$_{USO1}$ verläuft, so hätte eine Erhöhung der Qualität von Q_M auf Q_{USO} zur Folge dass ein Wohlfahrtsverlust in Höhe des Dreiecks **MFB** erzeugt werden. Diese resultiert aus den angestiegenen Instrumentalkosten in Höhe der Fläche $Q_M MFQ_{USO1}$ zur Folge die wiederum mit die kumulativ geringere Summe von Grenzerlös und Grenznutzen , hierdurch die Fläche $Q_M MBQ_{USOq}$ dargestellt, verrechnet wird. Das Dreieck **MFB** stellt in diesem Fall die *Universaldienstlast* dar. Wird ein noch höherer Nutzen **LGU**$_{USO2}$ antizipiert, so steigt das Universaldienstniveau auf Q_{USO2}. die daraus resultierende Universaldienstlast in Höhe des Dreiecks **MEC** vergrößert sich entsprechend.[332] Somit zeigt sich, dass ein politischer Eingriff durch Universaldienst, aufgrund zu hoch geschätzter externe Effekte, zu einem Wohlfahrtsverlust führt.

---

[331] Eigene Darstellung, angelehnt an Kruse (2000), S. 10.
[332] Vgl. Kruse (2000), S. 10.

Gerechtfertigt wäre dieser Eingriff, wenn ein Wettbewerb auf dem Markt nicht vorhanden wäre. Jedoch wurde gezeigt das derzeit ein steigender Wettbewerbsdruck durch alternative Technologien erzeugt wird um ausreichenden Wettbewerb zu schaffen.[333] ein Regulator-schein in einem wettbewerblichen Markt kann dazu führen, dass sowohl als auch daraus resultierende Innovationsanreize gehemmt werden.[334]

Universaldienst beeinflusst die Investitionsstrategie von Unternehmen. Aufgrund der Universaldienstverpflichtung sehen sich die Unternehmen gezwungen ihre Investitionen auf die unterversorgten Regionen zu konzentrieren. Daraus entstehen entgangene Gewinne aus den profitablen Regionen. Diese Gewinne führen wiederum zu Investitionen die im zeitlichen Verlauf zu einer profitablen vollständigen Abdeckung des Breitbandnetzes führen können. Somit ist Universaldienst nicht nur statische sondern auch dynamisch eine zusätzliche volkswirtschaftliche Belastung, da sie das Wohlfahrtswachstum hemmen. Ebenso könnte durch Universaldienst Mitnahmeeffekte durch Unternehmen, die ihre Investitionen hinauszögern und von den Universaldienstinvestitionen profitieren zu können, entstehen. Diese Mitnahmeeffekte erzeugen zusätzliche Wohlfahrtsverluste.[335]

Gegenüber einem Universaldienst mit einem flächendeckenden Breitbandausbau, ist wettbewerblicher Ausbau nachfragegesteuert. Dadurch kann ein Wettbewerber, bei ausreichender Nachfrage, einzelnen Straßenzüge nacheinander erschließen. So minimiert er sein Verlustrisiko und den Investitionsaufwand.[336] Des weiteren besteht die Gefahr, dass durch Universaldienst Technologien subventioniert werden, die Wettbewerbsverzerrung zulasten der Anbieter substituiver Technologien und Konsumenten erzeugt wird.[337] Investitionen in Technologien, wie beispielsweise Kupfer basierenden Datenübertragung, der zufolge das alternative Technologien mit hohen Wachstumspotenzial nicht gefördert werden. Dahin gehend verlagert sich die Produktion auf die geförderte Technologien was langfristige Wohlfahrtseinbußen durch geringeres Wohlfahrtswachstum erzeugt.

[333] Vgl. 3.2.2, 3.2.4, 4.2.3.
[334] Vgl. Dewenter, Haucap, Heimeshoff (2007), S. 36.
[335] Vgl. Baake, Pavel, Schuhmacher (2011), S. 61.
[336] Vgl. Jay, Neumann, Plückebaum (2011), S. 61.
[337] Vgl. Baake, Pavel, Schuhmacher (2011), S. X.

6 Fazit

Im Laufe dieser Untersuchung wurden die verschiedenen Technologien zu übertragen von Breitband vorgestellt und ihre Wettbewerbspotenzial und derzeitige Stellung am Markt beschrieben. Zudem wurde gezeigt, dass ein ansteigender Wettbewerb sich im Infrastrukturbereich des Breitbandsektors etabliert.

Es wurde gezeigt dass die vom Staat gewünschte Mindestbandbreite von1 MBit/s fast zu 98,7 % erfüllt ist, sowie eine Bandbreite von 2 Mbit/s für 94,3 % alles Haushalte verfügbar ist. Zudem wurde gezeigt dass diese Bandbreiten ausreichen, um entsprechende Internetdienste Webbrowsing , E-Mail, Online-Shopping und andere in angemessener Qualität nutzen zu können.

Eine Erhöhung der Bandbreite ist grundsätzlich sinnvoll, sofern die dadurch entstehenden Kosten die möglichen Einnahmen nicht übersteigen was je nach Technologie im leitungsgebundenen Bereich unter derzeitigen Bedingungen für bis zu 80 % aller Haushalte gelten kann. Ebenso wurde gezeigt dass der ländliche Raum mit Funk basierende Breitbandtechnologie in absehbarer Zeit erschlossen ist. Dies bedeutet, dass ohne Universaldienstverpflichtung des Breitbandsektors eine flächendeckende Breitband Infrastruktur zur Verfügung steht.

Daher ist zu verneinen dass die Etablierung eines Universaldienstes ökonomisch sinnvoll ist. Zwar wurde gezeigt, dass durch höhere Bandbreite ein gesamtwirtschaftliches Wohlfahrtswachstum erzeugt wird. Eine Universaldienstverpflichtung würde die Investitionen für Infrastrukturausbau von den profitablen und Wohlfahrt generierenden dicht besiedelten Regionen auf wenig profitablen und Wohlfahrtsverlust erzeugende Regionen lenken. Diese erzeugen nur einen geringen zusätzlichen Nutzen der mit deutlich höheren Kosten den Nutzen übersteigenden Kosten verbunden ist. Daher würde dieser Ausbau einen zusätzlichen Wohlfahrtsverlust statt -gewinn erzeugen. Verstärkt wird dieser Faktor zusätzlich, wenn die reale Penetrationsrate unterhalb der angenommenen liegt, da zusätzliche Einkommensverluste erzeugt werden, die wiederum einen Wohlfahrtsverlust zu Folge.

Diese Annahme ist durchaus wahrscheinlich das durch Binnenmigration der die Teilnehmerdichte in den untersuchten ländlichen Regionen eher ab als zunehmen wird. Zudem
erzeugt eine Universaldienstverpflichtung Investition und Innovationshemmungen die
langfristig wiederum zu einem geringeren Wohlfahrtswachstum führen.

Vielmehr ist zu empfehlen Förderungen durch nichtregulatorischen Mittel in Form von
zinsgünstigen Krediten oder Subventionen für Infrastrukturmaßnahmen bereitzustellen.[338]
Die Kritik eines stagnierenden Infrastrukturwachstums kann durch den derzeit entstehenden Wettbewerbsdruck der Kabelnetzbetreiber und dem Ausbau des LTE Netzes Katalysa-
toren für einen steigenden Wettbewerb im Breitbandmarkt, widerlegt werden.[339] Von Ende
2009 bis Ende 2011, konnte die Abdeckung einer Bandbreite von 1 MBit/s von 96,5 %[340]
auf 98,7 %[341] , ohne regulatorischen Eingriff, gesteigert werden.[342] Aufgrund des steigenden Wettbewerbs ist auch ein Marktversagen versagen unwahrscheinlich. Da auch immer
mehr regionale bzw. lokale Anbieter beginnen mit Mitteln aus Infrastrukturförderpro-
grammen auch in ländlichen Regionen eine entsprechende Infrastruktur zu richten. Es ist
möglich Mittel aus der Gemeinschaftsaufgabe zur Verbesserung der Agrarstruktur und des
Küstenschutzes (GAK) für den Breitbandausbau zu nutzen.[343] Eine andere Möglichkeit
sind zinsgünstige Kredite der KfW-Bank für Infrastrukturmaßnahmen.[344]

Somit deckt sich das Ergebnis der Untersuchung mit den Aussagen der Infrastrukturbetreiber[345] und Bundestages, dass eine Etablierung von Universaldienst im Breitbandsektor
nicht notwendig ist.

---

[338] BMWi (2009a), S. 10 f. U, Analysys Mason
[339] Vgl. Spiegel-online (2011).
[340] Vgl. BMWi (2009b), S. 7.
[341] Vgl. Bundesnetzagentur (2011), S. 93.
[342] Vgl. Bülling et al (2012), S.
[343] Vgl. BMWi (2011c).
[344] Vgl. BMWi (2009c), S. 17.
[345] Vgl. ANGA (2011b), VATM (2011), S. 8 ff.

Literaturverzeichnis

Analysys Mason (2008a),
The cost of deploying fibre-based next-generation broadband infrastructure, Studie für die Broadband Stakeholder Group, abgerufen unter:
http://www.broadbanduk.org/component/option,com_docman/task,doc_view/gid,1036/ (16.02.2012).

Analysys Mason (2008b),
The business case for fibre-based access in the Netherlands, Studie für OPTA, abgerufen unter: http://www.opta.nl/nl/download/publicatie/?id=2815 (25.05.2012.)

Analysys Mason (2011)
The momentum behind LTE worldwide, whitepaper for GSMA, Studie, abgerufen unter:

ANGA (2011a),
Das deutsche Breitbandkabel: Infrastruktur der Zukunft, Informationspapier, abgerufen unter: http://www.anga.de/media/file/4.ANGA_Das_deutsche_Breitbandkabel_2011_01.pdf (02.02.2012).

ANGA(2011b),
Breitbandausbau in Deutschland-Stellungnahme der ANGA Verband Deutscher Kabelanbieter e. V., Positionspapier, abgerufen unter: http://www.anga.de/media/file/ 5.ANGA_Positionspapier_Breitbandausbau_8Maerz2011.pdf (25.05.2012).

Baake, P.; Pavel, F.; Schumacher, P. (2011),
Universaldienstverpflichtung für flächendeckenden Breitbandzugang in Deutschland, Studie für Bündnis 90/ Die Grünen, DIW econ, Berlin.

Baumol, W.; Willig, R. (1981),
Fixed Costs, Sunk Costs, Entry Barriers and Sustainability of Monopoly, in: The Quarterly Journal of Economics, Bd. 96, Nr.3, S.405-431, wissenschaftlicher Artikel, Oxford University Press.

Beck-Online (2012a),
Bedarfsfeststellung und Verpflichtung durch die Bundesnetzagentur (Abs. 4), TKG § 78 Universaldienstleistung, Beck' scher TKG-Kommentar, Rn 45-51, abgerufen unter: http://beck-online.beck.de/Default.aspx?vpath=bibdata/ komm/TKGKomm_3/TKG/cont/TKGKomm.TKG.p78.glD.glVII%2Ehtm (12.06.2012).

Beck-Online (2012b),
Beginn und Umfang der Beitragspflicht, TKG § 80 Verpflichtung zur Erbringung des Universaldienstes, Beck'scher TKG-Kommentar, Rn 56-58, abgerufen unter: http://beckonline.beck.de/Default.aspx?vpath=bibdata/komm/TKGKomm_3/TKG/cont/TKGKomm.TKG.p80.glD%2Ehtm (12.06.2012).

BEREC (2011),
Annual Report 2010, Jahresbericht, abgerufen unter: http://erg.eu.int/doc/berec/bor_11_19.pdf (16.02.2011).

Birke, F. (2007), Universaldienstregulierung in der Telekommunikation heute: Herausforderungen, Chancen und Risiken-Ein historischer Ansatz, Diskussionsbeitrag Nr. 114, Institut für Verkehrswissenschaften und Regionalpolitik, Freiburg i.Br.

Birke, F. (2009),
Universaldienst in Breitbandnetzen, in: G. Knieps und H.-J. Weiß (Hrsg.), Fallstudien der Netzökonomie, S. 53-86, Gabler, Wiesbaden.

BITKOM (2011),
Netzgesellschaft-eine repräsentative Untersuchung zu Mediennutzung und dem Informationsverhalten der Gesellschaft in Deutschland, Studie, BITKOM, Berlin, abgerufen unter: http://www.bitkom.org/files/documents/BITKOM_Publikation_Netzgesellschaft.pdf (13.06.2012).

BMWi (2009a),
Breitbandstrategie der Bundesregierung, Informationspapier, abgerufen unter: http://www.bmwi.de/Dateien/BBA/PDF/breitbandstrategie-der-bundesregierung,property=pdf,bereich=bmwi,sprache=de,rwb=true.pdf (15.01.2012).

BMWi (2009b),
Breitbandatlas 2009_2-Zentrale Ergebnisse, Teil des Berichts zum Breitbandatlas des Bundesministeriums für Wirtschaft und Technologie, Bericht, Rangsdorf abgerufen unter: http://www.zukunft-breitband.de/Dateien/BBA/PDF/breitbandatlas-bericht-2009-02,property=pdf,bereich=bba,sprache=de,rwb=true.pdf (25.05.2012).

BMWi, (2009c), Wirtschaftliche Förderung-Hilfen für Investitionen und Innovationen, Broschüre, abgerufen unter: http://www.bmwi.de/Dateien/BMWi/PDF/foerderdatenbank/wirtschaftliche-foerderung,property=pdf,bereich=bmwi,sprache=de,rwb=true.pdf (29.06.2012).

BMWi (2010),
Bericht zum Breitbandatlas 2010 des Bundesministeriums für Wirtschaft und Technologie,
Bericht, abgerufen unter:
http://www.bmwi.de/BMWi/Navigation/Service/publikationen,did%3D424746.html
(16.02.2012).

BMWi (2011a),
Bericht zum Breitbandatlas Mitte 2011 des Bundeministeriums für Wirtschaft und Technologie- Teil 1: Ergebnisse, Bericht, Berlin, abgerufen unter:
http://www.bmwi.de/Dateien/BBA/PDF/breitbandatlas-bericht-mitte-2011-teil-1,property=pdf,bereich=bmwi,sprache=de,rwb=true.pdf (18.04.2012).

BMWi (2011b),
Bericht zum Breitbandatlas Mitte 2011 des Bundeministeriums für Wirtschaft und Technologie- Teil 2: Methode, Bericht, Berlin, abgerufen unter:
http://www.bmwi.de/Dateien/BBA/PDF/breitbandatlas-bericht-mitte-2011-teil-2,property=pdf,bereich=bmwi,sprache=de,rwb=true.pdf (18.04.2012).

BMWi (2011c),
Möglichkeiten der Breitbandförderung- Ein Leitfaden, Broschüre, abgerufen unter:
http://www.foerderdatenbank.de/Dateien/BMWi/PDF/moeglichkeiten-der-breitbandfoerderung,property=pdf,bereich=foedb,sprache=de,rwb=true.pdf (25.06.2012).

BSI (2012),
Cloud Computing, Website, abgerufen unter: https://www.bsi.bund.de/DE/Themen/CloudComputing/Grundlagen/Grundlagen_node.html (26.05.2012).

Bundeskartellamt (2010),
Hinweise zur wettbewerbsrechtlichen Bewertung von Kooperation beim Glasfaserausbau in Deutschland, Stellungnahme vom 19.01.2010, abgerufen unter:
http://www.bundeskartellamt.de/wDeutsch/download/pdf/Stellungnahmen/100119Hinweise_Breitbandkooperation.pdf (12.06.2012).

Bundesnetzagentur (2009),
Verfügung 59/2009, in Amtsblatt 20/2009, Bonn.

Bundesnetzagentur (2010),
Bundesnetzagentur schließt Zuordnung der im Mai ersteigerten Frequenzblöcke ab, Pressemitteilung vom 30.08.2010, abgerufen unter :
http://www.bundesnetzagentur.de/cln_1911/SharedDocs/Pressemitteilungen/DE/2010/100830_VerlosungErsteigerteFrequBloecke.html?nn=193010 (26.05.2011).

Bundesnetzagentur (2011),
Tätigkeitsbericht 2010/2011 Telekommunikation, Bericht, Bonn, abgerufen unter:
http://www.bundesnetzagentur.de/SharedDocs/Downloads/DE/BNetzA/Presse/Berichte/2011/
TaetigkeitsberichtTK20102011pdf.pdf?__blob=publicationFile (12.04.2012).

Bundesnetzagentur (2012a),
Versorgungsauflage im 800-MHz-Bereich bereits in neun Bundesländern erfüllt, Pressemitteilung, abgerufen unter:
http://www.bundesnetzagentur.de/cln_1912/SharedDocs/Pressemitteilungen/DE/2012/120507
_BreitbandAusbau800MHz.html?nn=65116 (23.05.2012).

Bundesnetzagentur (2012b),
Versorgungsauflage im 800-MHz-Bereich in Sachsen-Anhalt und Thüringen erfüllt, Pressemitteilung vom 25.06.2012, Website, abgerufen unter:
http://www.bundesnetzagentur.de/cln_1912/SharedDocs/Pressemitteilungen/DE/2012/120625
_Versorgungsauflage800MHz.html?nn=65116 (29.06. 2012).

Bülling, F.; Hillebrand, A.; Stamm, P.; Stetter, A. (2012),
Analyse der Kabelbranche und ihrer Migrationsstrategien auf dem Weg in die NGA-Welt,
Diskussionsbeitrag, WIK, Nr. 365, Bad Honnef.

Congstar (2012),
Smartphone-Tarife, Website, abgerufen unter: http://www.congstar.de/tarifpakete/
(20.05.2012).

Damjanovic, D.; Holoubek, M.; Kassai, K.; Lehofer, H.; Urbantschitsch, W. (2006),
Handbuch des Telekommunikationsrechts, Springer-Verlag, Wien.

Deutscher Bundestag (2011),
Antrag der Abgeordneten Johanna Voß, Ulla Lötzer, Dr. Barbara Höll, Dr. Dietmar Bartsch,
Herbert Behrens, Karin Binder, Dr. Dagmar Enkelmann, Caren Lay, Michael Schlecht, Kathrin Senger-Schäfer, Dr. Petra Sitte, Kersten Steinke, Sahra Wagenknecht und der Fraktion
DIE LINKE.- Universaldienst für Breitband-Internetanschlüsse jetzt, Antrag, Drucksache
17/6912 vom 05.09. 2011, Berlin.

Deutscher Bundestag (2012),
Antwort der Bundesregierung auf die Kleine Anfrage der Abgeordneten Johanna Voß, Kathrin Kunert, Dr. Barbara Höll, weiterer Abgeordneter und der Fraktion DIE LINKE, Drucksache 17/9755 vom 23.05.2012, Berlin.

Dewenter, R.; Haucap, J.; Heimeshoff (2007),
Regulatorische Risiken in Telekommunikationsmärkten aus institutionenökonomischer Perspektive, Diskussionsbeitrag, Helmut-Schmidt –Universität, Nr. 64, Hamburg.

Doose, M.; Elixmann, D.; Jay, S.(2009),
"Breitband/Bandbreite für alle": Kosten und Finanzierung einer nationale Infrastruktur, Diskussionsbeitrag, WIK, Nr. 300, Bad Honnef.

DTAG (2012),
VDSL-Verfügbarkeit und Ausbaustatus, Website, abgerufen unter : http://www.telekom.de/isbin/INTERSHOP.enfinity/WFS/EKI-PK-Site/de_DE/-/EUR/ViewCategoryTheme-Start?CatalogCategoryID=9PsFC7IU6ZAAAAEj2bgk956V (26.05.2012).
Elektronik-Kompendium (2012a),
LTE- Long Term Evolution, Website, abgerufen unter: http://www.elektronik-kompendium.de/sites/kom/1301051.htm (30.05.2012).

Elektronik-Kompendium (2012b),
LTE-Übertragungstechnik, Website, abgerufen unter: http://www.elektronik-kompendium.de/sites/kom/1608181.htm (30.05.2012).
Elektronik-Kompendium (2012c),
MIMO -Multiple Input Multiple Output, Website, abgerufen unter: http://www.elektronik-kompendium.de/sites/net/1004251.htm (30.05.2012).

Elixmann, D.; Ilic, D.; Neumann, K.-H.; Plückebaum, T. (2008),
The Economics of Next Generation Access - Final Report, Studie für ECTA, Bad Honnef, abgerufen unter: http://nes.aueb.gr/courses/ecobiz/students/Economics
%20of%20access%20networksECTA.pdf (05.04.2012).

Europäische Kommission (2008),
Rechtssache C-280/08 P, abgerufen unter: http://eur-lex.europa.eu/LexUriServ/LexUriServ.do?uri=CELEX:62008CJ0280:DE:HTML (28.06.2012).

Faßmann, H. (2007),
Binnenmigration, wissenschaftlicher Artikel, abgerufen unter: http://www.berlin-institut.org/online-handbuchdemografie/bevoelkerungsdynamik/ fakto-ren/binnenmigration.html (20.03.2012).

Fettweis, G. (2011),
Studie zur Abschätzung des Potenzial drahtloser Telekommunikationstechnik für die Breitbanderschließung insbesondere des ländlichen Raums in Sachsen, Studie für das Sächsisches Staatsministerium für Umwelt und Landwirtschaft, Dresden, abgerufen unter:
http://www.smul.sachsen.de/laendlicher_raum/ download/Studie.pdf (19.04.2012).

Fetzer, T. (2011),
Breitband Internetzugang als Universaldienst? – Rechtliche Zulässigkeit und ökonomische Angemessenheit einer Universaldienstverpflichtung, wissenschaftlicher Artikel, in: MultiMedia und Recht,. 2011, S. 707–711.

Gabler (2012a),
Penetrationsrate, Website, abgerufen unter :
http://wirtschaftslexikon.gabler.de/Definition/penetrationsrate.html (05.06.2012).

Gabler (2012b),
Verfügungsrechte, Website, abgerufen unter:
http://wirtschaftslexikon.gabler.de/Archiv/1882/verfuegungsrechte-v8.html?print=true
(27.06.2012).

Gabler (2012c),
WACC, Website, abgerufen unter: http://wirtschaftslexikon.gabler.de/Archiv/55477/wacc-
v4.html (28.06.2012)

Geiger, P. (2005),
Mobilfunk Deutschland 2010: Billigmarken sind erst der Anfang, Solon Studie, München,
abgerufen unter: http://www.solonstrategy.com/uploads/tx_soloncm003/ So-
lon_Mobilfunk_Deutschland__2010.pdf (20.04.2012).

Graak, C.(1997), Telekommunikationswirtschaft in der Europäischen Union: Innnovationsdy-
namik, Regulierungspolitik und Internationalisierungsprozesse, Wirtschaftswissenschaftliche
Beiträge, Nr. 150, Physica-Verlag, Heidelberg.

Hackbarth, K.; Ilic, D.; Neu, W. (2011a),
Analytisches Kostenmodell für ein Mobilfunknetz, Studie für die Bundesnetzagentur, Bad
Honnef, abgerufen unter: http://www.bundesnetzagentur.de/SharedDocs/Downloads/DE/
BNetzA/Sachgebiete/Telekommunikation/Regulierung/Kostenmodelle/AnalytKM_Mobilfunk
/Referenzdokument_AnalytKM_Mobilfunknetz.pdf?__blob=publicationFile (29.04.2012).

Hackbarth, K.; Kulenkampff, G.; Plückebaum, T. (2011b),
Analytisches Kostenmodell für das Breitbandnetz: Version 2.1, WIK Studie, abgerufen unter;
http://www.bundesnetzagentur.de/DE/Sachgebiete/ Telekommunikati-
on/RegulierungTelekommunikation/Kostenmodelle/AnalytKM_Breitbandnetz_V2_1/Analyt
KM_Breitbandnetz_V2_1_node.html (01.03.2012).

Heuermann, A. (1990),
Zunehmende Nutzung von Telekommunikationsdiensten-Ursache oder Folge von wirtschaft-
lichem Wachstum?, wissenschaftlicher Artikel in: D. Fink, A. Wilfert, Handbuch Telekommunikation und Wirtschaft-Volkswirtschaftliche und betriebswirtschaftliche Perspektiven ,
Verlag Franz Vahlen, München.

Hoerning, S.; Jay, S.; Neumann, K.-H.; Peitz, M.; Plückebaum, T; Vogelsang, I. (2010), Architecture and competitive models in fibre networks, Studie für Vodafone, Bad Honnef, abgerufen unter: http://via.vodafone.com/content/dam/vodafone/about/public_policy/position_papers/vodafone _report_final_wkconsult.pdf (20.02.2012).

Hoerning, S.; Jay, S.; Neu, W.; Neumann, K.-H.; Plückebaum, T.; Vogelsang, I. (2011), Wholesale pricing, NGA take-up and competition, Studie für ECTA, Bad Honnef, abgerufen unter: http://www.ectaportal.com/en/upload/WIK/WIK%202011%20- %20Wholesale%20pricing%20NGA%20take-up%20and%20competition%20- %20Final_Report_2011_04_07.pdf (12.04.2012).

Initiative D21 (2012a), Mobile Internetnutzung: Entwicklungsschub für eine digitale Gesellschaft?, Studie, TNS Infraset, abgerufen unter: http://www.initiatived21.de/wp-content/uploads/2012/02/Mobile_ Internetnutzung_2012.pdf (30.05.2012).

Initiative D21 (2012b), (N)ONLINER Atlas 2011, Studie, TNS Infraset, abgerufen unter: http://www.initiatived21.de/wp-content/uploads/2011/07/NOnliner2011.pdf (30.05.2012).

Jaag, C.(2011), What is an Unfair Burden? Compensating the Net Cos of Universal Service, wissenschaftlicher Artikel, in : Review of Network Economics, Bd. 10, Nr. 3,S. 1-26.

Jay, S; Neumann, K.-H.; Plückebaum, T. (2011), Implikationen eines flächendeckenden Glasfaserausbaus und sein Subventionsbedarf, WIK Diskussionsbeitrag, Nr. 359, Wissenschaftliches Institut für Infrastruktur und Kommunikationsdienste, Bad Honnef.

Jost, P.-J. (2004), Transaktionskostentheorie, wissenschaftlicher Artikel, in: G. Schreyögg; A. V. Werder, Handwörterbuch Unternehmensführung und Organisation, 4. Auflage, S. 1450-1458, Schäffer-Poeschel Verlag, Stuttgart.

Katz, R.; Shapiro C. (1985), Network Externalities, Competition, and Compatibility, in: The American Economic Review, Bd. 75, Nr. 3, S.424-440.

Katz, R.; Vaterlaus, S.; Zenhäuser, P.; Suter, S. (2009), Die Wirkung des Breitbandausbaus auf Arbeitsplätze und die deutsche Volkswirtschaft, Studie, abgerufen unter: http://www.bdi.eu/download_content/Information UndTelekommunikation/Breitbandstudie_2009_deutsch.pdf (16.02.2012).

Klaus, Samuel (2009),
DeRegulierung der netzbasierten Infrastruktur-Identifikation und Analyse von Lenkungsinstrumenten im Rahmen von De-/Regulierungsvorgängen in Primär Infrastruktursektoren, Dissertation, Universität Zürich, Zürich.

Knieps, G. (2001),
Netzsektoren zwischen Regulierung und Wettbewerb, in: H. Berg, , Deregulierung und Privatisierung: Gewolltes Erreichtes-Versäumtes, Schriften des Vereins für Sozialpolitik, Bd. 287,S. 59 - 60, Duncker & Humboldt, Berlin.

Knieps, G. (2003),
Der Wettbewerb und seine Grenzen: Netzgebundene Leistungen aus ökonomischer Sicht, Diskussionsbeitrag des Instituts für Verkehrswissenschaft, Freiburg i. Br., abgerufen unter: http://hdl.handle.net/10419/47615 (29.03.2012).

Knieps, G. (2005),
Versorgungssicherheit und Universaldienste in Netzen : Wettbewerb mit Nebenbedingungen?, Diskussionsbeitrag des Institut für Verkehrswissenschaft und Regionalpolitik, Nr. 107, Freiburg i. Br., abgerufen unter : http://www.econstor.eu/handle/10419/23021 (29.04.2012).

Knieps, G. (2007),
Netzökonomie, Monografie, Gabler, Wiesbaden.

Krämer, J. (2007),
Bundling Telecommunication Services: Competitive Strategies for Converging Markets, Dissertation, in: ,Weinhardt, C.; Dreier, T.; Studer, T., Studies on eOrganisation an Market Engineering, Bd. 10, Universitätsverlag Karlsruhe, Karlsruhe.

Krempl, S. (2011),
Studie :"Breitband für alle „ist machbar, Pressemitteilung vom 28.09. 2011, Website, abgerufen unter: http://www.heise.de/newsticker/meldung/Studie-Breitband-fuer-alle-ist-machbar-1351104.html (25.06.2012).

Kruse, J. (1985),
Ökonomie der Monopolregulierung, Vandenhoek & Ruprecht, Göttingen.

Kruse, J. (2000),
Universaldienstlast etablierter Postunternehmen, Diskussionsbeitrag zur Wirtschaftspolitik, Nr. 103, Institut für Wirtschaftspolitik, Hamburg.

Kruse, J. (2001),
Deregulierung in netzbasierenden Sektoren, in: Berg, H., Deregulierung und Privatisierung: Gewolltes Erreichtes-Versäumtes, Schriften des Vereins für Sozialpolitik, Bd. 287, S. 71 – 88, Duncker & Humboldt, Berlin.

Kruse, J. (2008),
Internet-Überlast, Netzneutralität und Service-Qualität, wissenschaftlicher Artikel, in Wirtschaftsdienst, Bd.88, S. 188-194.

Litan, R.; Singer, H. (2007),
Unintended Consequences of Net Neutrality, wissenschaftlicher Artikel, in: Journal on Telecommunications and High Technology Law, Bd. 5, Nr. 3, S. 533-572.

Neumann, K.-H. (2010),
Hochleistungs-Breitband für jedermann- Flächendeckung schneller mögliche als bislang angenommen, Pressemitteilung vom 15.12.2010, Bad Honnef, abgerufen unter: http://www.wik.org/fileadmin/Presse/Pressemitteilungen/Pressemitteilung_2010_12_21.pdf (18.04.2012).

NGA-Forum (2011a),
Technische und operationelle Aspekte des Zugangs zu Glasfasernetzen und anderen NGA-Netzen, Grundsatzdokument, abgerufen unter: http://www.bundesnetzagentur.de/DE/Sachgebiete/Telekommunikation/RegulierungTelekom munikation/NGAForum/NGAForum_node.html (16.02.2012).

NGA-Forum (2011b),
Bericht des NGA-Forums, Bericht, abgerufen unter: http://www.bundesnetzagentur.de/DE/ Sachgebie-te/Telekommunikation/RegulierungTelekommunikation/NGAForum/NGAForum_node.html (16.02.2012).

Nokia Siemens Networks (2010),
Mobile Broadband with HSPA and LTE- capacity and cost aspects, White Paper, abgerufen unter: http://www.nokiasiemensnetworks.com/sites/default/files/document/Mobile_broadband_A4_ 26041.pdf (20.04.2012).

O2 (2012a),
LTE-Tarife, Website, abgerufen unter: http://www.o2online.de/tarife/lte-fuer-zuhause/faq/ (30.05.2012).

O2 (2012b),
Smartphone-Tarife, Website, abgerufen unter: http://www.o2online.de/tarife/smartphone-tarife/h?exclusivId=epo2p_3x3-w_smartphone-tarife (30.05.2012).

onlinekosten.de (2011),
Grüne fordern Universaldienst mit 6 MBit/s, Pressemitteilung vom 29.09. 2011, Website, abgerufen unter: http://www.onlinekosten.de/news/artikel/45240/0/Gruene-fordern-Universaldienst-mit-6-Mbits-fuer-alle (25.06.2012).

Panzar, J.C. (2000),
A methodology for measuring the costs of universal service obligation, in: Information Economics and Policy, Bd. 12, Nr. 3, S. 211-220.

Ruhle, E.-O.; Reichl, W. (2009),
Incentives for Investments in Next Generation Access and Customer Choice: a Dichotomy, in: Intereconomics, Bd. 44, Nr. 1, S. 30-40, wissenschaftlicher Artikel, Springer Verlag, abgerufen unter: http://www.springerlink.com/content/y153487200h18532/fulltext.pdf (16.02.2012).

Simonite, T. (2011),
Schau mich an, wenn ich mit dir rede, Pressemitteilung auf Website, abgerufen unter: http://www.heise.de/tr/artikel/Schau-mich-an-wenn-ich-mit-Dir-rede-1168389.html (13.06.2012).

Spiegel-online(2011),
Breitband-Pläne der Regierung: Deutschland lahmt beim Netzausbau, Pressemitteilung vom 07.12.2011, abgerufen unter: http://www.spiegel.de/netzwelt/netzpolitik/breitband-plaene-der-regierung-deutschland-lahmt-beim-netzausbau-a-802302.html (25.06.2012).

Statistisches Bundesamt (2011),
Demografischer Wandel in Deutschland: Bevölkerungs- und Haushaltsentwicklung im Bund und in den Ländern, Heft 1, Wiesbaden.

Statistisches Bundesamt (2012a),
Wanderungen 2010, Jahresbericht, Wiesbaden, abgerufen unter: https://www.destatis.de/DE/Publikationen/Thematisch/Bevoelkerung/Wanderungen/Wanderungen2010120107004.pdf?__blob=publicationFile (26.02.2012).

Statistisches Bundesamt (2012b),
Gebiet und Bevölkerung-Fläche und Bevölkerung, Website, abgerufen unter: http://www.statistik-portal.de/Statistik-Portal/de_jb01_jahrtab1.asp (19.05.2012).

VATM (2011),
VATM-Jahrbuch 2011/2012-Telekommunikation und Mehrwertdienste in Deutschland, Jahresbericht des Verbandes der Anbieter von Telekommunikations- und Mehrwertdiensten e.V., Berlin.

teltarif.de (2010),
Vodafone will bis 2013 flächendeckend LTE ausbauen, Pressemitteilung, Website, abgerufen unter: http://www.teltarif.de/vodafone-mobilfunk-lte-ausbau-2013-joussen/news/39326.html (26.06.2012).

Vaterlaus, S.; Worm, H.; Wild, J.; Telser, H. (2003),
Liberalisierung und Performance in Netzsektoren-Vergleich der Liberalisierungsart von einzelnen Netzsektoren und deren Preis-Leistungs-Entwicklung in ausgewählten Ländern, Strukturberichterstattung, Staatssekretariat für Wirtschaft.

Vogler, T. (2011),
Quality of Service im Internet: eine ökonomische Analyse, Abschlussarbeit, GRIN Verlag, Hamburg.

Vodafone (2012),
LTE-Tarife, Website, abgerufen unter:
http://dslshop.vodafone.de/eshop/consumer/97441521/0/0/pk-uebersicht-vodafone-lte.html
(30.05.2012).

Walke, Thomas (1999),
Markteintritt in Lokale Telekommunikationsmärkte-eine Untersuchung aktuellen, potentiellen und substituiven Wettbewerbs im deutschen Teilnehmeranschlussnetz, in: B. Walke, Aachener Beiträge zur Mobil-und Telekommunikation, Bd. 20, Wissenschaftsverlag, Mainz.

Wichert-Nick, D.; Dörfler, C. (2010),
Wirtschaftsfaktor Kabel, Studie für ANGA, abgerufen unter:
http://www.anga.de/media/file/10.Solon-Studie_Wirtschaftsfaktor_Kabel_final.pdf
16.02.2012).

Wichert-Nick, D.; Hottner, F.; Sóstói, A., Nagy, A(2011),
Broadband on Demand: Cable's 2020 Vision, Studie für ANGA, Solon, abgerufen unter:
http://www.cableeurope.eu/index.php?mact=MediaRoom,cntnt01,details,0&cntnt01document
id=153&cntnt01dateformat=%25d-%25m-%25Y&cntnt01returnid=15 (15.02.2012).

Rechtsquellen-Verzeichnis

GG: Grundgesetz vom 23.05.1949 (BGBl. I S. 1) zuletzt geändert durch Gesetz vom 21.07.2010 (BGBl. I S. 944) m.W. v. 27.07.2010.

TKG: Telekommunikationsgesetz vom 22.06.2004 (BGBl. I S. 1190) zuletzt geändert durch Gesetz vom 03.05.2012 (BGBl. I S. 958) m. W. v. 10.05.2012, 01.09.2012, 01.12.2012 bzw. 01.06.2013.

URL: Universaldienstrichtlinie Richtlinie 2002/22/EG (ABl. L 108) vom 7.03.2002 zuletzt geändert durch Richtlinie 2009/136/EG vom 19.12.2009 (ABl. I 337) m. W. v. 25.05.2011.

BEI GRIN MACHT SICH IHR WISSEN BEZAHLT

- Wir veröffentlichen Ihre Hausarbeit,
  Bachelor- und Masterarbeit

- Ihr eigenes eBook und Buch -
  weltweit in allen wichtigen Shops

- Verdienen Sie an jedem Verkauf

Jetzt bei www.GRIN.com hochladen
und kostenlos publizieren

www.ingramcontent.com/pod-product-compliance
Lightning Source LLC
La Vergne TN
LVHW092339060326
832902LV00008B/725